Richard von Weizsäcker

Drei Mal Stunde Null?
1949 · 1969 · 1989

Richard von Weizsäcker

# Drei Mal Stunde Null?

1949 · 1969 · 1989

*Deutschlands
europäische Zukunft*

Siedler

© 2001 by Siedler Verlag Berlin
einem Unternehmen der Verlagsgruppe
Random House GmbH

Alle Rechte vorbehalten,
auch das der fotomechanischen Wiedergabe.
Lektorat: Thomas Sparr
Register: Matthias Weichelt, Berlin
Schutzumschlag: Rothfos & Gabler, Hamburg
Satz und Reproduktion: Bongé+Partner, Berlin
Druck und Buchbinder: GGP Media, Pößneck
Printed in Germany 2001
ISBN 3-88680-732-0
Erste Auflage

# Inhalt

| | | |
|---|---|---|
| ZUM GELEIT | Stunde Null | 7 |
| KAPITEL I | Der Deutsche Nationalstaat bis zur Teilung | 15 |
| KAPITEL II | Neunzehnhundertneunundvierzig | 29 |
| KAPITEL III | Neunzehnhundertneunundsechzig | 61 |
| KAPITEL IV | Neunzehnhundertneunundachtzig | 87 |
| KAPITEL V | Die heutige deutsche Nation in Europa. Was ist westlich? | 147 |
| KAPITEL VI | Europa in der Welt von morgen | 173 |
| | Ausblick | 216 |
| | Namenverzeichnis | 221 |

ZUM GELEIT
# Stunde Null

### I.

Die Null wurde im fünften Jahrhundert durch Inder eingeführt. Sie wanderte weiter nach China, später nach Arabien. Von dort erreichte sie uns Europäer im Mittelalter. Wir verwenden sie auf vielfache Weise, in der Mathematik, als Normal-Null zur Höhenmessung, in der Thermometerskala als Nullpunkt, für Nullsummen-Spiele oder gar im übertragenen Sinn für ein Herzensthermometer, das auf Null stehen kann.

Religionen und traditionsempfindende Gesellschaften beschäftigen sich mit der Herkunft von Mensch und Welt. Ursprungserzählungen finden sich bei den indischen Upanischaden, im Gilgamesch-Epos, in Schöpfungs- und Paradiesschilderungen. Offenbarungsreligionen haben und hüten einen Beginn. Das gilt für die vedische und die Zarathustra-Religion, ist so im Judentum, auch im Christentum und im Islam. Die Null markiert den Anbruch eines neuen Zeitalters mit seinem Ursprung von Glaube und Lehre, vielleicht auch von Ordnung und Herrschaft.

Vom Umgang der Wissenschaften mit den Ursprüngen sei hier nicht die Rede, sondern von der politischen Geschichte. Dort stoßen wir mit höchst unterschiedlichen, ja entgegengesetzten Empfindungen auf die Null. Sie kann das Gefühl eines unwiderruflichen Zusammenbruchs ausdrücken, ein Verlangen nach vollkommenem Auslöschen erlebter Geschehnisse. Oder es ist die Gewissheit eines neuen Anfangs. Revolutionen markieren mit Vorliebe den Anbruch eines neuen Zeitalters durch eine eigene Zeitrechnung. Im Zuge der Französischen Revolution galt 1792 als das Jahr Eins. Am ersten Abend der Pariser Julirevolution 1830 wurde – Walter Benjamin hat daran erinnert – auf die Turmuhren geschossen: ein Stopp-Befehl an die alte Zeit, ein neuer Beginn bei Null. Schon zuvor hatte die amerikanische Revolution auf die Vergilsche Formel von der neuen Ordnung der Zeitalter, dem *novus ordo saeculorum,* zurückgegriffen, mit der die Regierung des Augustus gefeiert wurde.

Immer wieder ist von einer Stunde Null die Rede, weil sie von uns Menschen im Leben und Zusammenleben so empfunden wird. Es kann so tiefe Abstürze oder einen so radikal neuen Anfang geben, dass wir keine Orientierung vorfinden oder dass wir sie neu schaffen müssen und wollen.

Dennoch hat jede Geschichte ihre Vorgeschichte. Im historischen Sinne gibt es nichts dem religiös geglaubten oder dem mathematisch-naturwissenschaftlichen Nullpunkt Vergleichbares. Alle Gegenwart folgt aus einer Vergangenheit. Darüber gibt es keinen Streit. Zur Debatte steht aber das Maß an Abbruch oder Kontinuität.

Generationenfolge ist zunächst Kontinuität. Leben wird gegeben, Erfahrung angeboten. Für eine zivilisatorische Entwicklung ist dies lebensnotwendig. Allen Rückschlägen zum Trotz ringen wir uns vorwärts von der Wolfsnatur zu Friedensregeln, von mauerbefestigten zu offenen Städten. Es gibt tragende, positive, entwicklungsoffene Kontinuitäten, aber auch niederziehende, stickige, reaktionäre oder restaurative.

Für eine neue Generation beginnt die Welt zunächst von vorn. Sie will kein Austauschmotor in einem vorfabrizierten Gehäuse sein. Es sind ihre eigenen Grundstimmungen, ihre Probleme, ihre Zeitgenossenschaft, die sie steuern werden. Gleichwohl wird sie der Kontinuitäten gewahr werden, die sie vielleicht als bewahrenswert zu empfinden lernt oder die sie verändern und abbrechen will. Sie kann selbst spüren, dass Erinnerung ausschlaggebend für sie ist: Ich war schon vor mir da, also bin ich. Dabei wird sie entdecken können, dass ihre heutigen Herausforderungen und Chancen auf wundersamen, einst unvorstellbaren Entwicklungen beruhen.

So ist es mir selbst in einem langen Leben ergangen. Was ich hier berichte, sind keine Ergebnisse wissenschaftlicher Quellenforschung. Ich bin kein Historiker, sondern Politiker. Vielmehr beschreibe ich die Entwicklungen so, wie ich sie als Zeitgenosse unmittelbar erlebt habe. Es waren für uns alle und auch für mich ganz unterschiedliche Lebensabschnitte. 1949 war ich beim Abschluss meiner Berufsausbildung als junger Strafverteidiger tätig. 1969 war ich frisch gewählter Bundestagsabgeordneter. 1989 begann meine zweite Amtszeit als Bundespräsident. Die Aufgaben veränderten sich und mit ihnen die Einsichten in die Gründe und Folgen der tiefen Zäsuren unserer Zeit.

Es waren zwei entscheidende historische Wendepunkte, die die Erfahrungen meiner Generation prägten. Der eine fiel mit dem Ende des Zweiten Weltkriegs zusammen. Das Deutsche Reich hörte auf zu bestehen und wurde geteilt. Eine »Generation ohne Heimat und ohne Abschied«, so nannte uns der Dichter Wolfgang Borchert. Gedanken und Reflexionen über Wege umkreisen die Stunde Null.

Fast ein halbes Jahrhundert später fand ohne Gewalt der Kalte Krieg seinen Abschluss. Damit eröffnet sich zum ersten Mal in der europäischen Geschichte die Aussicht auf eine friedliche Vereinigung unseres Kontinents. Gewiss, die Geschichte hat uns gelehrt, behutsam zu bleiben. Aber es ist eine früher nie für möglich gehaltene Chance, die uns heute die Aufgaben für die Zukunft stellt.

Diesen tiefgreifenden Wendepunkten und dem Verlauf des Weges vom ersten über den zweiten bis zum dritten ist der nachfolgende Gedankengang gewidmet.

## II

Je stärker die Wucht der Veränderungen wirkt, desto lebhafter wird über den historischen Nullpunkt debattiert. So erlebte man es in Deutschland schon am Übergang vom Kaiserreich zur Weimarer Republik. Doch erst am Ende des Zweiten Weltkriegs rückte der Nullpunkt in das Zentrum der Empfindungen. Alfred Weber nahm »Abschied von der bisherigen Geschichte«. Alexander Mitscherlich verstand die Ereignisse als die »größte materielle und moralische Katastrophe unserer Geschichte«. In der deutschen Literatur wurde die Stunde Null zur alles beherrschenden Mitte, und sie blieb es noch Jahrzehnte. Sie hat das Werk von Wolfgang Koeppen und Heinrich Böll nicht weniger geprägt als Uwe Johnsons »Jahrestage« und Christa Wolfs »Kindheitsmuster«.

Selbstverständlich ist das Thema unseren Historikern wohl vertraut, und sie leisten dazu immer neue erhellende Beiträge. Denn wie einem Menschen für sein Leben und Zusammenleben ein verständiges Selbstbewusstsein und eine vernünftige Selbstsicherheit hilft, so braucht dies auch eine Staatsnation für ihre verantwortliche Existenz. Dazu bedarf es eines begründeten Urteils über die politische und geistige Bedeutung von Abbruch und Neubeginn, von Nullpunkt und Kontinuität.

Die Auseinandersetzung über diese Frage bleibt notwendig und fruchtbar, da wir immer wieder die Erfahrung machen, wie sehr sich die Urteile unter dem Einfluss neuer politischer Entwicklungen verändern können. So hat beispielsweise kaum ein Autor die Ereignisse des Jahres 1989 wirklich vorhergesehen und in ihren Folgen zutreffend einzuschätzen vermocht. Nun sprossen kühne Analysen aus dem Boden. Auf seine Weise schoss der amerikanische Politikwissenschaftler Francis Fukuyama den Vogel ab. Er verkündete, als der Kalte Krieg verebbte, das »Ende der Geschichte«. Er meinte den Zusammenbruch kommunistischer Diktaturen und die erfolgreiche Ankunft der Welt bei den liberalen, zumal den amerikanischen Zielen für die Geschichte der Menschheit.

Der große Umbruch des Jahres 1989 führte nicht nur neue Zukunftsperspektiven herbei. Er brachte auch im

Rückblick Revisionen von allerlei herkömmlichen Meinungen und von alten Bewertungen früherer Wenden hervor. Es sind weniger die Historiker als die Politiker, die sich darin hervortun. Immer wieder wird die Deutung der Vergangenheit zum Politikum. Einerseits können Politiker nur selten der Versuchung widerstehen, im Lichte ihrer gegenwärtigen Ziele die Geschichte neu zu interpretieren und somit als Instrumente im Kampf um die heutige politische Meinungshoheit zu nutzen. Nicht viel besser ist es, wenn sie lieb gewordene, bewährte Argumente aus der Geschichte auch dann noch am Leben erhalten, wenn sich inzwischen die Zeit tatsächlich verändert hat. Wie dem auch sei, mit oder ohne besondere Absichten lohnt es, angesichts frischer Herausforderungen sich an der Vergangenheit zu messen. Gerade dabei bleiben die Fragen nach Nullpunkten, Kontinuitäten und Neubeginn aktuell.

III

Zum Charakteristikum Deutschlands gehört seine im europäischen Vergleich noch immer junge Lebensdauer als politischer Staat. Es sind erst einhundertdreißig Jahre. In dieser historisch knappen Zeitspanne zeigt sich ein zweites hervorstechendes deutsches Merkmal: In kurzen geschichtlichen Abständen kam es zu grundstürzenden Brüchen, zu Wenden und neuem Beginn. Blieb es jeweils überhaupt dasselbe Deutschland, gemessen an seiner durch einschneidende Gebietsverschiebungen geprägten geographischen Lage, an einer schwankenden Orientierung in der Mitte des Kontinents, nach Osten oder nach Westen oder eben auf einem deutschen Sonderweg, seinen wechselnden Staatsformen, seinen neuen Institutionen, seinen sich wandelnden Herrschaftsschichten, seiner Entwicklung zu einer Bürgergesellschaft? In seiner binnenkontinentalen Lage, umgeben von mehr Nachbarn als alle anderen Länder, hatte es stets einen prägenden Anteil an der europäischen Geschichte, die ihm nie allein gehört hat. Sie ist eine Kette der Konflikte, die von innen nach außen reichen oder umgekehrt.

Heute leben wir mit unseren Nachbarn über verbindende Grenzen hinweg ohne gegenseitige Forderungen und Ansprüche. Mit jedem von ihnen arbeiten wir freundschaftlich zusammen, als Bundesgenossen, als europäische Partner, aber auch mit der gemeinsamen gewaltigen Aufgabe einer Vereinigung. Dabei wird es entscheidend auf den Beitrag von uns Deutschen ankommen. Dem Verständnis dieser Herkunft und Zukunft soll zunächst ein Rückblick auf den Werdegang unserer Nation als Staat dienen. Ihm soll eine Bewertung unserer heutigen inneren Verfassung und unseres politischen Standorts an der Schwelle zu einem neuen europäischen Zeitalter folgen.

# I
# Der deutsche Nationalstaat bis zur Teilung

*Deutsches Reich bis neunzehnhundertachtzehn*

Das 1871 neu gegründete Reich erlebte zu seinem Beginn seine längste Friedensperiode, bevor es zu einschneidenden Veränderungen kam. Am Übergang von der Bismarckzeit zum Wilhelminismus gab es 1890 eine schwerwiegende Wende, deren Folgen bis heute zu spüren sind.

Die politische Nation zu schaffen, war überfällig geworden. Allen verfehlten bisherigen Anläufen und Kämpfen zum Trotz wurde sie im Innern fast einhellig begrüßt. Den neu gegründeten Staat aber als Deutsches Reich zu bezeichnen, erwies sich nicht als gute Tradition, sondern als eine aufreizende Scheinkontinuität. Es war eine unselige Entscheidung. Sie verlockte zum Missverständnis, man könne den alten universalen Reichsgedanken aus ferner Vergangenheit wiederbeleben. Sie hatte schon als Begriff dem beim Wiener Kongress 1815 angestrebten kontinentalen Machtgleichgewicht widersprochen. Bismarck selbst hat später die Weisheit der Namensgebung bezweifelt und sich während seiner Amtszeit darum bemüht, daraus kein Unheil entstehen zu lassen. Er wollte kein von den anderen europäischen Ländern abgehobenes und unvergleichbares altes Modell revitalisieren, sondern eine Nation unter Nationen schaffen.

Auf der Suche nach den prägenden Merkmalen des Reichs bis zum Ausbruch des Ersten Weltkriegs gilt es, wie auch in den späteren Zeitabschnitten, zwischen der Lage im Innern und der Außenpolitik zu unterscheiden. Das Reich war eine Gründung der Fürsten. Es war die kleindeutsche Lösung, ohne Habsburgermonarchie und noch weitgehend ohne die konstitutionellen Freiheiten, um die doch 1848 in der Paulskirche gerungen worden war. Mit der Harmonie in der Gesellschaft stand es nicht zum Besten. Einerseits ging es auf dem Weg vom Agrarland zu einem Industriestaat zügig voran. Andererseits war Bismarcks Innenpolitik durch seinen hartnäckigen Kampf mit der politischen Repräsentanz der Arbeiterschaft und des katholischen Bevölkerungsteils belastet.

Im Lichte ihrer frühen Gründungsmotive stand die Sozialdemokratische Partei bei Bismarck unter dem Verdacht von Internationalismus und revolutionären Zielen. Aber dass er sie deshalb als »Reichsfeinde« verstand und bezeichnete, war unbedacht und in den meisten Fällen unrecht. Von bösen Attacken des rechten politischen Lagers gegen das linke wegen unzulänglicher vaterländischer Gesinnung hat sich vergiftete Munition bis in die Gegenwart erhalten. Man durfte und musste ja über vieles streiten, nach dem Zweiten Weltkrieg über eine Wiederbewaffnung im Westen, über die Zwangsvereinigung der linken Parteien im Osten, über die moralischen und historischen Bedingungen der Wiedervereinigung, man muss über den heutigen Umgang mit der PDS streiten, in Gottes Namen auch über einen Stolz der Deutschen. Davon wird später die Rede sein. Aber mit uralten, abgelebten Argumenten immer wieder einmal die Streitaxt gegen »vaterlandslose Gesellen« aus dem Geschichtsmuseum zu entleihen, ist ein prekäres Erbe aus jener frühen Zeit.

Das katholische »Zentrum« war im Gegensatz zu den anderen Parteien des Kaiserreichs nicht an Klassen und Schichten der Bevölkerung gebunden. Bismarck aber witterte unheilvolle Einflüsse der Weltkirche Rom auf die nationale Politik. Dies führte ihn zu seinem verfehlten, das Zentrum letzten Endes freilich eher stärkenden Kulturkampf.

Andererseits und durchaus als Bestandteil seiner Abwehrversuche gegen die Sozialdemokratie leitete er eine umfassende Sozialversicherungspolitik ein, zu der es damals außerhalb Deutschlands nirgends eine Parallele gab. Damit machte er den entscheidenden ersten Schritt für sein Land als ein Vorbild des modernen Sozialstaats.

Seine großen Leistungen lagen jedoch in der Außenpolitik. Ständig blieb er besorgt um eine französische Revanche wegen der provozierenden Annexion von Elsass-Lothringen, die er am Ende des Krieges 1870/71 nicht hatte verhindern können. Aufs Ganze gesehen fügte Bismarck äußerst konsequent das Reich in das Gesamtsystem einer europäischen Balance ein und erwarb für sein Land damit Anerkennung für seine Friedenspolitik.

Nach seiner Entlassung, in der Zeit des Wilhelminismus, verwandelte sich die innenpolitische Atmosphäre, wenn auch in widersprüchlicher Weise. Politische Parteien waren aktiv, aber es gab kein parlamentarisches Regierungssystem. Disziplin herrschte vor. Die Uniform stand hoch im Kurs. Carl Zuckmayers »Hauptmann von Köpenick« wurde später zur Symbolfigur, vermutlich weit realistischer als Heinrich Manns »Untertan«. Doch die Gesellschaft löste sich mehr und mehr aus der Statik, wandelte sich zunehmend rascher und vielfältiger.

Wirtschaft, Wissenschaft und Technik blühten auf wie nie zuvor. Im Bereich der kommunalen Selbstverwaltung und im Sozialwesen kam es zu wirksamen weiteren Reformen. Damit entstand noch keine politische Bürgergesellschaft im Sinne der *citoyens*. Das Bürgertum war aber von geistiger und kultureller Liberalität geprägt. Die Kritik spielte eine wachsende Rolle, von Maximilian Harden bis zu Lily Braun, der Tochter eines preußischen Generals, mit ihren aufsehenerregenden »Memoiren einer Sozialistin«. Allmählich entwickelte sich eine moderne Architektur. Das Theater gewann prägende Einflüsse mit den Stücken von Ibsen und Hauptmann. Der Expressionismus in der Malerei, der Jugendstil mit seinem umfassenden Einfluss auf die Künste und das Kunsthandwerk – auf vielfachen Wegen drängte man in die Moderne.

Ganz anders als zur Bismarckzeit und umso abenteuerlicher verlief dagegen die Außenpolitik von Kaiser Wilhelm II. Die friedliche Balance wurde in einen Wettbewerb mit den europäischen Mächten verwandelt. Erreicht werden sollte ein Vorsprung auf dem Kontinent vor Russland und Frankreich, und Deutschland sollte mit Großbritannien um die koloniale und flottenpolitische Vormacht in der Welt konkurrieren. Hinzu trat ein quasi ideologischer Gegensatz zu den Westmächten, fast ein »Religionskrieg« (Sebastian Haffner) von deutscher »Kultur« gegen westliche politische »Zivilisation«.

Dem Wilhelminismus war es nicht um einen neuen europäischen Krieg zu tun. Aber die »verspätete Nation« rang um einen verspäteten Imperialismus. Mit unkritischer Beurteilung der Mächteinteressen, mit unkontrollierten Sprüchen, mit schimmernder Wehr und mit einer oft leichtfertigen Kabinettspolitik fast aller Regierungen kam es zur »Urkatastrophe des Jahrhunderts« (George Kennan), dem Ersten Weltkrieg.

Innenpolitisch gab es nun einen nie gekannten tiefen Einschnitt. Die Sozialdemokraten hatten sich ihres revolutionären Flügels entledigt und waren zu einer Reformpartei geworden. Als stärkste Partei im Reichstag waren sie schon bei Kriegsausbruch der Parole des Kaisers gefolgt, der keine Parteien mehr kannte. Sie machten den Krieg mit. Kurz vor Kriegsende setzten sie die Parlamentarisierung der Monarchie durch. Danach aber ließen sie sich von den Hauptverantwortlichen für Krieg und Niederlage, insbesondere vom schamlos-verblendeten, allmächtigen Ludendorff auch noch die erdrückende Bürde aufladen, die Niederlage nach außen und innen zu vollziehen, also die Kapitulation zu tragen und mit den Unruhen zu Hause fertig zu werden, während Ludendorff nach Skandinavien entschwand.

*Deutsches Reich bis neunzehnhundertdreiunddreißig*

Die Geschichte des Deutschen Reichs erlebte ihren ersten entscheidenden Bruch. Der Krieg war aus, der Kaiser ins Ausland geflohen. Friedrich Ebert, der die Revolution hasste, wollte die monarchische Staatsform erhalten. Aber Philipp Scheidemann, der zweite in der sozialdemokratischen Führung, hatte aus Sorge vor der revolutionären Gewalt auf den Straßen schon die Republik ausgerufen. Die Weimarer Verfassung trat in Kraft.

Der Friedensvertrag von Versailles wurde unterzeichnet. Was er vor allem nicht zu schaffen vermochte, war ein dauerhafter Frieden. Er war den Ursachen und Folgen des verhängnisvollen europäischen Nationalismus nicht auf die Spur gekommen.

Unter den Siegermächten hatte es Streit gegeben. Ein scharfsinniges Urteil über die Verhältnisse unter ihnen hat uns der führende Ökonom der ersten Hälfte des zwanzigsten Jahrhunderts, Lord Keynes, hinterlassen. Als Teilnehmer an den Friedensverhandlungen kennzeichnete er die drei verantwortlichen Staatsmänner der Siegermächte: Woodrow Wilson der moralische, Clemenceau der noble, Lloyd George der intelligente. Zu dritt aber hätten sie ein Werk »ohne Edelmut, ohne Moral, ohne Verstand« zustande gebracht. Schließlich verweigerte Amerika die Ratifizierung, zog sich aus Europa zurück und überließ dort seine Verbündeten und Gegner ihren Konflikten.

Natürlich lag nun die ganze Härte der Friedensbedingungen auf den deutschen Schultern. Aber auch Frankreich hatte seine Kriegsziele nicht erreicht. Es fühlte sich für die Zukunft weiterhin seinem östlichen Nachbarn nicht gewachsen. Und so waren beide, Deutschland und Frankreich, vom Augenblick der Unterzeichnung an auf Revision der durch Versailles geschaffenen Verhältnisse bedacht.

Die schwere Last des Friedensvertrags, eine immer wieder strangulierende Völkerbundspolitik und später die Weltwirtschaftskrise waren wesentliche Ursachen für die Machtübernahme Hitlers. Entscheidend dafür aber war die innenpolitische Entwicklung im Weimarer Deutschland. Die Niederlage blieb in weiten Teilen der Bevölkerung unbegriffen. Die Inflation schuf eine tiefe Verbitterung. Thomas Mann schrieb später: »Es geht ein gerader Weg von dem Wahnsinn der deutschen Inflation zum Wahnsinn des Dritten Reiches.« Aber es war nicht nur der materielle Verlust. Die neue Staatsform wurde von den meisten Bürgern als fremd empfunden. Der Republik fehlten genügend Republikaner. Es hatte in der Weimarer Zeit nicht zu früh zu viele Nazis gegeben, aber zu lange zu wenige Demokraten.

Auch in der kurzen Geschichtsspanne der Weimarer Republik findet sich ein fühlbarer Einschnitt. Er kam 1925 mit der Wahl von Hindenburg zum Reichspräsidenten. Diese der Kaiserzeit verhaftete Persönlichkeit gab der Republik einen quasi monarchischen Anstrich. Das rechte Lager, das die Republik bis dahin nicht akzeptiert hatte, arbeitete danach in den Regierungen mit. Es folgten die wenigen relativ ruhigen Weimarer Jahre in der zweiten Hälfte der Zwanziger.

Die Republik von Weimar war von dem tiefen Geschichtsbruch des verlorenen Krieges und der neu gegründeten Republik gezeichnet und stand zugleich in einer unübersehbaren Kontinuität zu den gesellschaftlichen Verhältnissen des Kaiserreichs. Nach 1918 folgten weder eine Bodenreform noch Verstaatlichungen. Die alten Führungsschichten wurden partiell entmachtet und wandelten sich, wurden aber kaum ihrer gesellschaftlichen Stellung beraubt. Der Adel wurde abgeschafft, die Adelsprädikate wurden jedoch rechtlich zum Bestandteil des bürgerlichen Namens gemacht, eine seltsame und zugleich für die Zeit in Deutschland – anders als in Österreich – nicht uncharakteristische konservierende Lösung. Die wesentlichen Institutionen in Staat und Gesellschaft, insbesondere der öffentliche Dienst, das Rechtswesen, die Kirchen, die Wirtschaft und die Wissenschaft, blieben von substantiellen Änderungen weitgehend unberührt.

Aufs Ganze gesehen vollzog sich also der Übergang vom Kaiserreich zur ersten Republik höchst ambivalent. Einerseits war die Atmosphäre in der Gesellschaft um die Jahrhundertwende durchaus nicht so stur und obrigkeitsfromm, wie es dem Ruf des Wilhelminismus nachklingt. Dies wirkte sich nach dem Krieg vielfach als Kontinuität aus. Andererseits war das klägliche Ende der Monarchie eine tiefe Zeitenwende, ohne dass die Gesellschaft die politische Kraft und Beteiligung entwickelt hatte, um die neue Staatsform auszufüllen: ein Antagonismus zwischen halbem Bruch und halber Kontinuität.

*Deutsches Reich als Drittes Reich*

Als die Wahlergebnisse nach 1929 eine Bildung stabiler Regierungen immer mehr erschwerten, die Wirtschaftskrise gefährliche soziale Folgen auslöste, die radikalen Parteien wuchsen und Hindenburg mit seiner Schar konservativer Ratgeber in die Phase der Notverordnungen überleitete, war der Weg für Hitler geebnet. Nach seiner Machtübernahme gelang es ihm, an die Stelle eines republikanischen Parteienstaats in kürzester Zeit den Führerstaat zu setzen, bewaffnet mit seinem Ministerium für »Volksaufklärung und Propaganda« und mit der Geheimen Staatspolizei. Bald herrschte willkürlicher, später systematischer Terror, eine Verflechtung von Taten und Tätern, von Denunziation und Überwachung, von amtlichen Helfern, ein System des Terrors, das erst heute ganz in den Blick historischer Erforschung gerät.

Dennoch gab es deutliche Merkmale gesellschaftlicher Kontinuität. Wichtige Sektoren existierten ähnlich weiter wie zuvor, die Beamtenschaft, weite Teile der Justiz, vor allem aber die Wirtschaft und zumal die Wehrmacht, die sich ihrer nachhaltigen neuen Förderung erfreute und doch auch eigene Bräuche wahrte.

Um die Macht zu sichern, aber auch um den Dunst neuer ideologischer Marschrichtungen auszubreiten, wurde mit dem Mittel der »Gleichschaltung« operiert. Die schwersten Spannungen und den größten Aderlass gab es im Bereich der Kultur. Nur zum geringsten Teil fanden sich begeisterte Anhänger der neuen Zeit. Groß war die Gruppe der Mitläufer. Bedeutende Künstler bemühten sich, ihren Bereich zu pflegen und zu schützen, ohne sich untreu zu werden und kaufen zu lassen. Wieder andere tauchten ins Dunkel dessen, was sie als innere Emigration suchten. Einschneidend für die Kultur aber wurden die unersetzlichen Verluste durch die erzwungene oder die alsbald entschlossen gewählte Emigration großer Geister.

Der entscheidende Abbruch von allem, was das Reich bisher geprägt hatte, war die Rassenpolitik. Zweifellos hatte es in Deutschland wie auch anderwärts Antisemitismus gegeben. Das Ausschlaggebende wurde nun aber Hitlers barbarischer Entschluss zur Vertreibung und Vernichtung der Juden, zur »Endlösung«, zum millionenfachen Mord an den Juden. Keine Volksbewegung stand dahinter. Die schweigende dumpfe Reaktion in der Bevölkerung auf die Pogrome der »Kristallnacht« veranlassten ihn, seine Mordpläne zu verbergen und sie ganz überwiegend im okkupierten Ausland ausführen zu lassen, vor allem in Polen.

Hitlers wahnwitziges außenpolitisches Ziel war die Herrschaft über Osteuropa. Offenbar spekulierte er zunächst darauf, mit einem abhängig verbündeten Polen über Russland herzufallen oder, falls die Polen ihm diesen Weg versperrten, nach ihrer Unterwerfung von Polen als Aufmarschgebiet aus gegen Russland zu Felde zu ziehen. Die Reichsregierung war 1914 mit der Forderung des Generalstabs konfrontiert gewesen, sofort einen Blitzkrieg gegen Frankreich zu führen. Hitler dagegen fühlte sich von allen Ratschlägen frei, verschob den Angriff gegen Frankreich auf später und befahl Schritt für Schritt die Ausweitung des Krieges in fast alle Himmelsrichtungen bis hin zur ebenso sinnlosen wie verheerenden Kriegserklärung an Amerika. Am Ende stand die bedingungslose Kapitulation der Wehrmacht. Der folgenreichste, der historisch und moralisch tiefste Bruch in unserer Geschichte hatte sich vollendet.

### Deutsches Reich 1945 – 1949

Noch bestand das Deutsche Reich, jedoch ohne eigenen Staat. Es gab keine deutsche Souveränität mehr. Die vollziehende Gewalt lag in der Hand der vier Siegermächte. Was hatten sie vor? Wenige Tage nach dem 8. Mai 1945 las man in einem Beitrag der wichtigsten Zeitung des Siegerlagers, der »New York Times«, nun solle Berlin dasselbe Schicksal wie Karthago erleiden. Künftige Generationen sollten den Platz nicht mehr finden können, von dem die Angriffskriege und Verbrechen gegen die Menschlichkeit ausgegangen waren. Vermutlich haben ernsthafte Pläne dieser Art nicht bestanden. Dennoch musste man auf alles gefasst sein. Der so genannte Morgenthau-Plan ließ Schlimmstes befürchten.

In der Bevölkerung waren keine Stimmen wahrzunehmen, die nach Ausflüchten suchten. Es gab auch kein Verlangen danach, wie am Ende des ersten Krieges. Vielmehr herrschten Hunger und Ratlosigkeit im zerstörten Land. Jeder hatte sein Schicksal. Für viele folgten nun erst Flucht, erneute Unfreiheit, Leid, Not oder der Tod. Der eine kehrte heim, der andere wurde heimatlos. Man suchte die Seinen, mitunter jahrelang. Eine Katastrophe ohnegleichen.

Und dennoch wurde der 8. Mai 1945 in der deutschen Geschichte zu einem Tag der Befreiung. Mit ihm verbinden sich das Ende des Terrors der Lager, der mörderischen Schlachten, der Bombennächte, die Befreiung vom menschenverachtenden System der nationalsozialistischen Gewaltherrschaft. Er brachte das Ende eines barbarischen Irrwegs unserer Geschichte und barg den Keim der Hoffnung auf eine bessere Zukunft. Für eine solche Hoffnung war und blieb die Einsicht in die Brüche und Kontinuitäten, in die Ursachen jenes Irrwegs von fundamentaler und zwingender Unausweichlichkeit.

Zunächst ging es jedoch um die Suche nach einem Weiterleben. Konkrete politische Schritte wurden fällig. Die Entscheidungen lagen in den Händen der Siegermächte. Zwischen ihnen herrschten schärfste Gegensätze. Ihr Kampf um Macht und Einfluss in Europa hinderte sie vor allem auch an einer Einigung über das künftige deutsche Schicksal. So nahm die Teilung Europas, Deutschlands und der Hauptstadt Berlin ihren schwer bedrückenden Anfang. Niemand hatte es wirklich vorausgesehen. Anstelle des Deutschen Reichs nun zwei Republiken, das war der nie geahnte Einschnitt in seiner Geschichte, wahrlich nahe Null!

Die Teilung währte fast ein halbes Jahrhundert und führte uns schließlich an die Schwelle zur Vereinigung unseres Kontinents. Dies ist der historische Ort, an dem wir gegenwärtig stehen. Um uns hier zu orientieren und für die künftigen Aufgaben zu wappnen, wird noch einmal eine geschichtliche Bewertung des ganzen politischen und gesellschaftlichen Weges von uns Deutschen durch Nationalismus, zwei Weltkriege, die Verbrechen der Hitler-Zeit und die diktatorischen Systeme nötig. Zuvor brauchen wir einen Überblick über Nullpunkte und Kontinuitäten von 1949 über 1969 bis 1989.

# II
# Neunzehnhundert-neunundvierzig

Die Siegermächte nahmen ihre Besatzungszonen in eigene Regie und bauten sie Schritt für Schritt in die jeweils eigene Front beim ausbrechenden Kalten Krieg ein. Zwei deutsche Staaten entstanden in zwei grundverschiedenen, scharf rivalisierenden Welten.

In der sowjetischen Besatzungszone vollzog sich ein radikaler Neubeginn. Man nannte dort das Programm: Antifaschismus als Antwort auf den Faschismus. Die neue kommunistische Führung kam aus Moskau und anderen Exilorten. Mehrere ihrer Mitglieder hatten jahrelang in Zuchthäusern und Konzentrationslagern der Nationalsozialisten gelitten. Zahlreiche emigrierte Intellektuelle wandten sich der neuen DDR zu, um den von ihnen dort erhofften Ansatz zur Antwort auf die Vergangenheit zu unterstützen. Sie empfanden es als einen notwendigen Ausdruck der Kontinuität ihrer eigenen lebenslangen antifaschistischen Überzeugungen. Aber nicht wenige, unter ihnen Ernst Bloch und Hans Mayer, kehrten der DDR später den Rücken, als sich dort der Stalinismus verfestigte.

Die DDR wurde ein von außen beherrschter diktatorischer Staat mit einem grausamen Überwachungsmechanismus, der so genannten Staatssicherheit. Gleichwohl wurden trotz anhaltender sowjetischer Demontage wirtschaftliche Leistungen von großer Bedeutung für den gesamten Moskauer Herrschaftsbereich erbracht. Die DDR wurde der von außen erzwungene unter den beiden deutschen Versuchen zum Neubeginn nach der Katastrophe. Er scheiterte an seinem ideologischen und politischen System, nicht an den Menschen.

Die weitaus größere Zahl der Deutschen lebte im Bereich der drei westlichen Siegermächte. Der neue politische Anfang vollzog sich hier ganz demokratisch und föderal. Rasch entstanden lebensfähige Kommunen, mit der wirksamen Überlieferung von Selbstbestimmung noch aus den Zeiten des Freiherrn vom Stein. Die Bundesländer wurden gegründet. Dies entsprach nicht nur dem alliierten Verlangen, sondern vor allem auch eigenen deutschen Vorstellungen und Traditionen.

Die Parteien knüpften im Wesentlichen an Weimar an. Eine echte Neugründung war die Christlich-Demokratische Union. Sie stützte sich nicht nur auf die Geschichte des alten Zentrums, welches auch schon eine schichtenunspezifische Volkspartei gewesen war. Vielmehr ging es den Gründern vor allem darum, die übereinstimmenden schweren Erfahrungen von Katholiken und Protestanten aus der Zeit des Nationalsozialismus zu nutzen, um nicht wieder wie in alten Zeiten in die traditionellen Konflikte zwischen den Konfessionen zurückzufallen, sondern in Zukunft gemeinsam aufzutreten. Dies war ein historisch und aktuell hochbedeutsamer Schritt.

Das »C« im Parteinamen erwies sich freilich als ein

mehr als kühner Entschluss. Die Trennung von Staat und Kirchen gehörte von Beginn an zur verfassungsmäßigen Gewaltenteilung und Institutionenlehre. Die neue Partei durfte und wollte nicht kirchenabhängig sein. Selbstverständlich kann – ich will sagen: sollte – sich ein Christ mit seiner Sozialethik für die Politik mitverantwortlich fühlen. Doch mit dem »C« als Panier im Namen? Das wirkte auf viele wie ein christlicher Monopolanspruch gegenüber anderen, den doch niemand erheben darf. Zugleich musste dieses »C« als selbstverpflichtende Anforderung an die eigenen Reihen gelten, gegen die aber in der Praxis, wie allseits in der Politik, auch immer wieder einmal verstoßen wurde. Das, was den Namen rechtfertigte und in ihm das eigentliche Gewicht darstellte, war das »U«, die Union. In diesem Sinne wurde sie bald eine dominierende Kraft.

Auf Drängen der Alliierten, vor allem der Amerikaner, gründeten die Länder nun die Bundesrepublik Deutschland. Mehreren der Ministerpräsidenten fiel dieser Schritt schwer, weil sie die Aussicht auf Kontinuität, das heißt auf Wiederherstellung der Einheit Deutschlands, gefährdet sahen. Noch war ja die DDR nicht formell entstanden. Den Ausschlag gab aber schließlich der Regierende Bürgermeister von Berlin, Ernst Reuter, der sich für seine Bürger gegen die sowjetische Blockade hatte wehren müssen und der die Kollegen von der Unausweichlichkeit überzeugte, im ernst gewordenen Kalten Krieg eine völlig eindeutige Position im westlichen Lager zu beziehen.

Es war der Ost-West-Konflikt, der die westlichen Siegermächte nach dem Zweiten Weltkrieg zu einem gänzlich anderen Verhalten als nach dem ersten Krieg veranlasst hatte. Damals, nach 1918, zumal nach dem völligen Rückzug der Amerikaner aus Europa, waren es primär die Franzosen gewesen, die auf Reparationen, Repression und Kontrolle gedrängt hatten. Diesmal kam eine andere Richtung zum Zuge, vor allem durch die Amerikaner, denen es – neben der Bestrafung von Kriegsverbrechern, neben der Entnazifizierung und »reeducation« – um eine konstruktive Aufbauhilfe ging. Im Zentrum stand die weitherzige und kluge Einbeziehung der besiegten Deutschen in die Marshall-Hilfe. Wer an Ort und Stelle miterlebt hat, wie die Amerikaner zusammen mit ihren Verbündeten die Westberliner viele Monate lang gegen Hunger und Kälte schützten, der kann die eben noch unvorstellbare Verwandlung von Feindschaft in Freundschaft nur drei Jahre nach dem Kriegsende ermessen.

### *Das Grundgesetz*

1949 beschloss der Parlamentarische Rat eine Verfassung. Sie nahm auf die Hoffnungen Rücksicht, dass eines Tages die Einheit Deutschlands wiederhergestellt werden könnte. Sie trat bescheiden auf und nannte sich Grundgesetz. In unserer Geschichte wurde sie zu einem großen Erfolg. Zahlreichen anderen Ländern dient sie heute als Vorbild.

Das Herzstück sind die unantastbaren und einklagbaren Grundrechte. Sie stehen, wie alle staatliche Gewalt, unter der Obhut des 1949 geschaffenen Bundesverfassungsgerichts, dessen Bedeutung und Ansehen bei der

Bevölkerung ständig gewachsen sind. So konnte sich das Verhältnis des Bürgers zum Staat entscheidend wandeln. Allzu lange hatte der Staat um seiner Macht und Größe willen die Kraft seiner Bürger und auch ihr Leben während der Kriege eingesetzt. Nun sollte der Staat nicht mehr wie bisher über den Bürger verfügen. Vielmehr wurde er zum Schutz der Rechte des Einzelnen verpflichtet. Das Grundgesetz, von Politikern geschaffen, zeigt höheres Vertrauen in das Recht als in die Politik.

Die Weimarer Republik war am Ende gescheitert. Zu diesem Scheitern hatten auch Schwächen ihrer Verfassung beigetragen. Es war kein Wunder, dass die Väter und die vier höchst eindrucksvollen Mütter des Grundgesetzes den festen Willen hatten, aus den Fehlern der Vergangenheit zu lernen. Auch wenn sie darauf bedacht waren, sich an trefflichen Vorbildern aus anderen Demokratien wie auch am überkommenen deutschen Verfassungsrecht zu orientieren, so findet sich der interessanteste Teil ihrer Arbeit in der bewussten und gewollten Korrektur, im Bruch einer Kontinuität mit Weimar. Fünf Entscheidungen sind vor allem zu nennen:

- Die Exekutive erfuhr eine deutliche Stärkung.
- Das Staatsoberhaupt wurde in seinen Befugnissen eingeschränkt.
- Die Parteien erhielten erstmals einen positiven Platz in der Verfassung.
- Die plebiszitäre Einflussnahme der Wähler wurde drastisch vermindert.
- Für die Länderfunktion im Bund wurde die Bundesratslösung anstelle des Senatsprinzips gewählt.

Die Weimarer Republik war von einem Sturz des Reichskanzlers zum nächsten und zu unablässigen Reichstagsneuwahlen gestolpert. Demgegenüber erschwert nun das Grundgesetz jede vorzeitige Auflösung des Bundestags und stabilisiert die Stellung des Bundeskanzlers mit der neu geschaffenen Vorschrift des konstruktiven Misstrauensvotums. Diese Wende hat sich bewährt. Sie hat die Regierbarkeit des Bundes nachhaltig gefestigt – eine notwendige und positive Diskontinuität.

Von vornherein war man im Parlamentarischen Rat davon überzeugt, eine Machtstellung des Staatsoberhaupts à la Hindenburg ein für alle Mal beseitigen zu wollen. Bekanntlich wurde sogar darüber diskutiert, ob das Amt eines Präsidenten nicht überhaupt entbehrlich wäre. Schließlich kam eine Abkehr von Weimar zustande, die sich recht und schlecht bewährt hat. Ich habe keinerlei Zweifel daran, dass das Amt eines Staatsoberhaupts in unserer Demokratie notwendig ist. Je mehr wir uns zum Parteienstaat entwickelt haben, desto weiter hat sich in der Bevölkerung das Verlangen nach einer geachteten Instanz über den Parteien verbreitet. Neben dem Verfassungsgericht ist es der Bundespräsident, der diese Erwartung zu erfüllen hat.

An der Exekutive, die legitimerweise parteipolitisch umstritten und parlamentarisch kontrolliert bleibt, ist der Präsident mit Recht nicht stärker beteiligt. Dennoch ließe sich seine sehr wesentliche, überparteiliche Funktion stärken, wenn er zum Beispiel das Recht und die Mittel erhielte, analog den britischen »Royal Commissions« unabhängige Beratungsgremien für prinzipielle langfristige Fragen einzusetzen. Ihre Funktion wäre es,

Vorschläge zu erarbeiten, ohne die Entscheidungsbefugnisse von Parlament und Regierung im Geringsten einzuschränken, diese aber zur Auseinandersetzung mit sachlichen Vorschlägen zu nötigen, welche unabhängig von Wahlinteressen entstehen. Auch könnte dem Präsidenten eine stärkere Beteiligung bei der oft umstrittenen Auswahl der Verfassungs- und Bundesrichter eingeräumt werden.

Der Vorschlag einer Direktwahl des Präsidenten durch die Bevölkerung ist in der politischen Klasse unbeliebt. Nach meiner Überzeugung wäre sie aber kein Schaden. Der Präsident würde dadurch nicht parteiabhängiger, als er es bei seiner Kandidatur im Wahlgremium, der Bundesversammlung, zunächst noch ist. Die Erfahrung in vergleichbaren Republiken zeigt umgekehrt, dass die Präsidentschaftskandidaten im Wahlkampf bei einer Direktwahl ihre Chance zum Wahlsieg gerade im überzeugenden Nachweis einer hinreichenden Glaubwürdigkeit ihrer Überparteilichkeit erhöhen. Rechenschaftspflichtig vor der Legislative braucht er nicht zu sein und ist es auch heute nicht.

Die oft geäußerte Sorge, dass eine Direktwahl den Bundespräsidenten mit einer zu großen Legitimationsfülle gegenüber dem Kanzler ausstatten würde, teile ich nicht. Legitimation wofür? Seine Verfassungskompetenzen würden dadurch nicht wachsen. Seine bei weitem wichtigste Funktion liegt ohnehin in etwas anderem, nämlich in der Fähigkeit, in unserer Zeit wachsender Unsicherheiten im Zusammenleben und bei einer schwindenden Autorität geistiger und geistlicher Instanzen etwas zur Orientierung von Mensch und Gesellschaft durch seine Fragen und Gedanken beizutragen. Das ist wahrlich schwer genug. Aber dafür wäre die Direktwahl ein angemessener Ausdruck dessen, was sich die Wähler von der Amtsführung erhoffen.

Die politischen Parteien haben ihren ständig gewachsenen Einfluss nicht von den Verfassungen zugewiesen bekommen. Vielmehr haben sie sich allmählich in die Wirklichkeit des Verfassungslebens hineingekämpft. Der Staat betrachtete sie zunächst mit Misstrauen. Bismarck ist dafür ein beredtes Beispiel. Erst mit der Einführung des allgemeinen Wahlrechts dämmerte ihre große Zeit langsam herauf. Die Weimarer Verfassung war die erste, die die Parteien überhaupt erwähnte – freilich nur negativ, nämlich: Beamte seien Diener der Gesamtheit, nicht einer Partei – selige Zeiten!

Die Art und Weise, wie das Grundgesetz die Parteien behandelt, zeigt nun weder den Willen zum radikalen Bruch mit der Weimarer Linie noch den Schneid, den Realitäten klar ins Auge zu sehen. Eine eher zögerliche Haltung ist das Resultat. Mit ihrer Formulierung »Die Parteien wirken bei der politischen Willensbildung des Volkes mit« erreicht die Verfassung vielmehr den Höhepunkt ihrer Bescheidenheit. Sie liefert hier den klassischen Fall eines grandiosen Understatements in der Beschreibung der Wirklichkeit. 1949 war es freilich noch keine Beschreibung, sondern nur ein – heute fast rührend wirkendes – Postulat.

Was hat sich daraus entwickelt? Die Bundesrepublik ist ein Parteienstaat geworden. Die Parteien sind »Blutkreislauf und Nervensystem des Staates« (Wilhelm Hennis). Sie sind mächtiger als jedes Verfassungsorgan, obwohl sie selbst formal nicht zu dieser obersten Stufe unserer Institutionen gehören. Diese Tendenz hat sich gegenüber den Weimarer Zeiten nachhaltig verstärkt. Im ganzen weiteren Verlauf unserer Fragen nach Neubeginn und Kontinuität werden wir immer wieder darauf stoßen.

Der überragenden Machtstellung der Parteien entspricht das praktisch uneingeschränkte repräsentative System unserer Demokratie. Auch das ist eine klare Diskontinuität gegenüber Weimar. Das Volk, der Souverän in der Demokratie, wurde mediatisiert. Dies zeigt sich nicht nur bei der Abschaffung der Direktwahl des damals noch sehr mächtigen Staatsoberhaupts. Vielmehr war Weimar noch bereit, »sich dem Wählerwillen unbedingt unterzuordnen – bis zur Selbstpreisgabe«, wie Sebastian Haffner erklärt, »Bonn ist es nicht«. Wenn sich zum Beispiel eine große Wählergruppe oder gar Wählermehrheit gegen die Demokratie entscheiden sollte, dann gilt für uns: Keine Freiheit für die Feinde der Freiheit! Dies spielt auch eine wichtige Rolle beim Schutz von Minderheiten.

Die Schwächen und das Ende von Weimar haben uns solche harten Einsichten auf grausame Weise gelehrt, ohne dass damit – mindestens theoretisch gesprochen – das Dilemma ganz gelöst wäre. Denn es kann ja auch eine Kampagne zum Schutz der Freiheit geben, mit der sie sich selbst den Boden entzieht. Im Namen der Freiheit kam es bald nach 1945 in den Vereinigten Staaten von Amerika zu Denunziationen und Rufmorden auf der Suche nach Kryptokommunisten. Thomas Mann beschrieb dieses unter dem Namen McCarthyism berüchtigt gewordene Kapitel mit der Sorge: »Die Freiheit stirbt an ihrer Verteidigung.« Auch gegenwärtig sind wir von denunziatorischen Jagden auf früheres Verhalten heutiger Gegner nicht verschont. Davon wird später noch die Rede sein müssen.

Nun gibt es bei uns eine fast ununterbrochene öffentliche Auseinandersetzung über Vorschläge, wie sich die plebiszitären Elemente verstärken ließen. Fast überall werden jetzt schon Bürgermeister und Landräte direkt gewählt. Nicht nur in den Kommunen, sondern auch in einigen Bundesländern sind Volksbegehren und Volksentscheide eingeführt worden, zum Beispiel in Bayern, und sie haben bisher mehr genutzt als geschadet. Vielleicht bin ich selbst befangen, weil ich einmal davon profitiert habe. In der Verfassung des Landes Berlin wird die Möglichkeit eingeräumt, mit einem zweistufigen Verfahren von Begehren und Entscheidung der Wähler mitten in einer Legislaturperiode eine Neuwahl zu erzwingen. Dies ist meiner Partei und mir 1981 in Berlin-West gelungen. Dadurch wurde ich nach einer langen SPD-Herrschaft und einer ganz kurzen und vorbildlichen Amtsführung von Hans-Jochen Vogel meinerseits zum Regierenden Bürgermeister von Berlin gewählt.

Weitere plebiszitäre Initiativen haben sich bei Wahlen mit Hilfe des so genannten Kumulierens und Panaschierens durchgesetzt. Dabei kann man, wenn man mehrere Stimmen hat, sie auf einen Kandidaten häufen oder sie auf mehrere Kandidaten verschiedener Parteien verteilen. Dadurch soll die Abhängigkeit des Wählers von den Prioritätsvorgaben der Parteiführungen auf den Landeswahllisten vermindert werden. Ferner steigt die Zahl der

Fälle, in denen die Parteien ihre internen Entscheidungen über Kandidaturen nicht mehr von Vorständen und Parteitagen allein entscheiden lassen, sondern direkt von allen Mitgliedern, wenn es zum Beispiel um Kanzlerkandidaten geht. Auch gilt es, die verschiedenen Vorschläge aus fast allen Parteien für Plebiszite gut zu prüfen.

Die ganze Entwicklung ist nach wie vor im Fluss. Das ist dann gut, wenn es uns gelingt, das Problem so differenziert zu diskutieren, wie es die Sache erfordert. Und diese Fähigkeit gehört nicht immer zu den Stärken eines öffentlichen Streits.

Wir haben uns mit Beispielen aus bewährten Demokratien auseinander zu setzen. Der französische Präsident François Mitterrand hatte den Mut, über den Vertrag von Maastricht zur Einführung des Euro plebiszitär abstimmen zu lassen, obwohl er dazu nach seiner Verfassung nicht gezwungen war. Um die Bevölkerung zu überzeugen, führten die wichtigsten Politiker viele Wochen lang faszinierende öffentliche Debatten gegeneinander, unter dezidierter Beteiligung des Präsidenten. Mit knapper Mehrheit akzeptierten die Franzosen den Euro, nachdem sie sich wirklich intensiv über die Vorzüge und Nachteile einer gemeinsamen europäischen Währung ihre Meinung hatten bilden können. Nichts Vergleichbares gibt es bei uns. Vielmehr karikierte eine Zeitung unter Berufung auf das Grundgesetz unsere Volkssouveränität bei der Willensbildung zum Euro mit den bekannten Worten: »Alle Staatsgewalt geht vom Volke aus. Sie kehrt dahin jedoch nie mehr zurück.«

Es ist also kein Wunder, sondern ein gesundes Zeichen, dass die Impulse für eine stärkere Bürgerbeteiligung weiter wachsen, nicht nur kommunal, föderal und national, sondern auch international. Dazu zählt die ständig steigende Bedeutung der so genannten NGOs, der Non-Governmental Organisations. Sie spielen in der Umweltpolitik, als soziale Hilfswerke und zum Schutz der Menschenrechte eine zunehmende, zumeist unersetzbar segensreiche Rolle. Auch in die Gremien der Vereinten Nationen werden sie mit Recht weit stärker als früher einbezogen.

Doch zurück zu unserer eigenen Verfassungslage. Und da möchte ich unter Abwägung der gängigen Argumente zur Vorsicht mahnen. Ohne jeden Zweifel nötigt das Verhalten unserer Parteien stets von neuem zu kräftiger Kritik, aber gerade nicht mit dem Ziel, sie grundsätzlich entmachten zu wollen, sondern mit der immer wieder erneuten Hoffnung auf ihre Einsicht und Korrektur im Sinne ihrer eigenen Interessen. Das Prinzipielle einer Parteienkritik hat eine lange, zum Teil ungute Tradition. In der Weimarer Republik war Parteienschelte häufig der simple Ausdruck einer generell antidemokratischen Haltung. Heute sind wir ein solide demokratisch geprägtes Volk. Unsere Bevölkerungszahl ist groß. Unsere politischen Probleme sind äußerst komplex. Sie bedürfen gründlicher Erörterung mit einem Sachverstand, den sich der normale Wähler oft erst erarbeiten müsste, anstatt dass er sich allein seinen Empfindungen überlassen dürfte.

Politische Entscheidungen müssen verantwortet werden. Das heißt, sie müssen von Personen getragen sein und dürfen nicht anonym bleiben. Mehrheiten oder Minderheiten von Wählern wirken aber als Versteck für die Person. Übrigens dienen nicht selten Vorschläge von Parteien für mehr Volksbeteiligung primär dem Ziel, ihre eigenen Anhänger zu mobilisieren, also weniger das Volk zu stärken als vielmehr die Partei. Und die neuerdings modisch gewordenen Unterschriftenkampagnen von Parteien im Wahlkampf versprühen wahrlich keinen neuen demokratischen Charme. Sie instrumentalisieren das Volk für den Populismus der Spitzenkandidaten. Sie simplifizieren die komplexen Probleme, indem sie sie auf ein Ja oder Nein zuspitzen, gerade dort, wo sorgfältige Differenzierung vonnöten wäre.

Dennoch, das repräsentative System ist für uns ohne Alternative. Es bedarf der Parteien. Ihr Kampf um Mehrheiten für ihre Politik ist notwendig und legitim. Wenn sie sich gegen Recht, Anstand und Moral vergehen, können und müssen sie dafür durch die Wähler gründlich bestraft werden. Letzten Endes haben sie selbst ein vitales Interesse daran, sich in ihrem Ruf zu rehabilitieren.

Der Wähler soll den größtmöglichen Einfluss darauf haben, wer gewählt wird, ohne von den Kandidatenlisten der Parteiführungen völlig abhängig zu bleiben. Hierzu gibt es noch immer viel Raum für mehr plebiszitären Einfluss. Aber wer gewählt ist, der soll dann auch entscheiden. Er ist es, der dafür geradestehen und gegebenenfalls zur Verantwortung gezogen werden muss, nicht eine andere verallgemeinerte, unpersönliche Entscheidungsinstanz.

Es waren die schon bestehenden Bundesländer, deren Entschluss zur Gründung der Bundesrepublik Deutschland 1949 geführt hatte. Dabei haben sie sich naheliegenderweise auch der Regelung ihrer eigenen Rechte als

Länder im Bund besonders liebevoll angenommen. Die Länder, das waren primär die Ministerpräsidenten. Und wie die Entwicklung zeigt, sind es diese Länderchefs, deren Stellung sich in unserer Verfassungspraxis nachhaltig gestärkt hat.

Wie die Länder bei nationalen oder internationalen Aufgaben des Gesamtstaats mitwirken können, dafür gibt es unterschiedliche Möglichkeiten. In der Schweiz ist es der Ständerat. Die Amerikaner entschieden sich für das Senatsprinzip, wonach durch jeden Staat zwei Senatssitze im Wege der Volkswahl besetzt werden. Im Parlamentarischen Rat gab es um diese Regelung eine der heftigsten Auseinandersetzungen. Adenauer und weite Teile der SPD waren für die Senatslösung. Die Vertreter der schon fest im Sattel amtierenden Landesregierungen dagegen setzten die Bundesratsregelung durch, und dies wirkte sich je länger, desto mehr zu ihrem eigenen Vorteil aus.

Der Bundesrat baute sich eine stärkere Stellung aus, als der Parlamentarische Rat es sich vorzustellen vermocht hatte. Um nur ein Beispiel zu geben: Anstelle einer ursprünglich erwarteten Quote von zehn Prozent zustimmungsbedürftiger Bundesgesetze sind es mittlerweile über sechzig Prozent geworden. Allzu viele regelungsbedürftige Fragen lassen sich wegen ihres Einflusses auf das Leben aller Bürger nicht mehr innerhalb der Grenzen von Bundesländern allein beantworten. Eine Tendenz zur Angleichung von Rechtszustand und Lebensverhältnissen nahm unvermeidlicherweise zu. Dadurch kamen Elemente einer bundespolitischen Vereinheitlichung zur Geltung. Dies hat das gesetzgeberische

Gewicht der Landtage ganz nachhaltig vermindert. Wohlgemerkt: der Landesparlamente, aber nicht der Länder selbst, nicht der Landesregierungen und erst recht nicht der Ministerpräsidenten. Mitglieder des Bundesrats sind alle Länderchefs und die dafür bestimmten Landesminister. Auf diese Weise wird der Bundesrat nicht, wie der US-Senat, zu einem volksgewählten Parlament, sondern zu einer Art Gesandtentag, obwohl seine Aufgabe durchaus eine parlamentarische ist, nämlich die Mitwirkung bei Bundesgesetzen.

Ganz besonders bei den Ministerpräsidenten, die darüber hinaus ungefähr in der Hälfte der Fälle auch Vorsitzende ihrer Landesparteien sind und an den nationalen Interessen und Kämpfen ihrer Bundesparteien den lebhaftesten Anteil nehmen, hat sich eine überaus starke, 1949 nicht klar vorhergesehene Stellung entwickelt. Sie bringen ihren Einfluss uneingeschränkt bundespolitisch zur Geltung, und zwar durchaus nicht nur im Bundesrat, sondern auch im Bundestag. Dort vertreten sie bald regionale Besonderheiten, bald aber auch bundesweite Parteiinteressen, obwohl sie in ihrer bloßen Eigenschaft als Länderchefs dort gar kein Rederecht haben, sondern nur als Mitglieder jenes Bundesrats, der sie befugt und auch verpflichtet, an Gesetzgebung und Verwaltung des Bundes mitzuwirken und dabei auch zur Wahrung der staatlichen Einheit beizutragen. So haben wir es 1980 und 1998 erlebt und dies wird vielleicht auch in Zukunft der Fall sein, dass im Bundestag ein Bundeskanzler und ein Ministerpräsident im Wahlkampf um den Sieg im nächsten Bundeswahlkampf die Klingen kreuzen. Dies ist nur deshalb möglich, weil im Bundestag eine Bundesratsbank aufgestellt ist, die für einen solchen Zweck gar nicht geschaffen worden war, aber einem dort legitimiert sitzenden Bundesratsmitglied die mittelbare Chance einräumt, seinen eigenen Bundeswahlkampf zu propagieren.

Ungewollt hat das Grundgesetz von 1949 eine spektakuläre Verschiebung des politischen Einflusses zugunsten der Länderchefs mit sich gebracht – auch ich habe einige Jahre lang als Regierender Bürgermeister von Berlin davon profitiert –, und das alles pikanterweise ohne dass unsere Bundesverfassung die Ministerpräsidenten oder die Bürgermeister unserer drei Stadtstaaten auch nur mit einem einzigen Wort zur Kenntnis nehmen würde. Auch das ist ein bemerkenswertes Fazit unserer vom Weimarer Modell höchst diskontinuierlich abweichenden Verfassung.

In seinem Text präsentierte sich das Grundgesetz bescheiden und vorläufig. In seiner Wirkung übertraf es alle früheren Vorgänger bei weitem. Die alte Bundesrepublik entstand buchstäblich dadurch, dass sie sich eine Verfassung gab. Sie wurde zu einem Verfassungsstaat. In der späteren Zeit folgten manche wichtigen Ergänzungen, jedoch ohne den Charakter des Grundgesetzes zu ändern. Sie dienten lediglich dem Ziel, mit neu auftretenden Herausforderungen fertig zu werden.

Dieser Verfassung wuchs das Vertrauen seiner Bürger und der Respekt der Nachbarn Deutschlands zu. Später werden wir sehen, dass und wie es nach 1989 zu einer Auseinandersetzung zwischen Ost und West über den Weg ihrer Übernahme für den wiedervereinigten Staat gab, freilich nur marginal über ihren Inhalt. Die Verfassung bot und bietet die prägende Grundlage für unser politisches Verständnis von uns selbst als Deutschen.

In der DDR hatte die Verfassung lediglich eine dienende Rolle zu spielen, auch wenn sie 1968 neu formuliert wurde. Sie war ein Instrument der kommunistischen Ideologie und Herrschaft, durch einen schönen Text garniert, der die Diktatur mit wohlklingenden Worten verhüllte. Ganz anders in der alten Bundesrepublik. Hier errang das Grundgesetz eine Bedeutung für das Lebensgefühl der Menschen wie keine deutsche Verfassung je zuvor. Man kann ihre Kraft danach ermessen, dass aus ihr alsbald der Begriff des Verfassungspatriotismus abgeleitet wurde (Dolf Sternberger). Mit diesem Gedanken wurde ihr freilich eine übermächtige Aufgabe zugewiesen.

*Verfassungspatriotismus*

Allseits suchen Verstand und Gefühl der Menschen nach einem Ausdruck ihrer Zusammengehörigkeit. In anderen Ländern war der Gegenstand ihres Patriotismus nicht ins Wanken geraten. In Frankreich verband sich das patriotische Selbstwertgefühl früh mit den Idealen der Französischen Revolution. Im Zeitalter Napoleons wurde es zwar auf die Mühlen einer Nation mit ihren Interessen und schließlich eines wenig idealen Nationalismus geleitet. Die Idee der Nation aber hatte mit der Forderung nach Freiheit, Gleichheit und Brüderlichkeit einen Inhalt aufgenommen, dessen politische und humane Wirkung nie wirklich außer Kraft geriet, weder in Frankreichs Siegen noch in seinen Niederlagen.

Großbritannien, a priori durch seine Insellage begünstigt und durch eine wachsende Weltherrschaft geprägt, hatte im Zeitalter des Nationalismus einen Patriotismus mit globaleren Bezügen und Gefahren entwickelt. Die Maxime »Right or wrong, my country« ist unübersetzt in den Sprachschatz der Welt eingegangen und hat dort sowohl Abneigung wie Bewunderung gefunden.

Für die Amerikaner hatte ihre Verfassung von vornherein eine bestimmende Rolle. Werte der Verfassung bilden Maßstäbe patriotischen Handelns. Unter den großen, idealen, zum Teil unverkennbar auch freimaurerisch inspirierten Worten ihres ersten Verfassungstexts bis zur Gegenwart gab es überdies auch aus Deutschland stammende Einflüsse. Es war Carl Schurz, der 1848 noch zu Hause in Deutschland mit seinem Verfassungskampf gescheitert war, dann nach Amerika auswanderte und dort 1872 im amerikanischen Senat den britischen Wahlspruch eindrucksvoll abwandelte: »Our country, right or wrong. When right, to be kept right. When wrong, to be put right.«

Deutschland hatte erst als letztes Land seine politische Nation zu schaffen vermocht. Es war nicht der Urheber des europäischen Nationalismus gewesen, sondern nur sein verspäteter Teilhaber. Dann aber ging es »mit Volldampf voraus« und schließlich hinein in die europäischen Bruderkriege, im zweiten auf der Grundlage eines zerstörerischen Irrwegs ohne Maß, Mitte und Menschenwürde. Es folgte die Teilung des Landes. Der Patriotismus hatte bei uns seinen Gegenstand politisch, geistig und moralisch verloren.

Vor diesem Hintergrund wuchs das Grundgesetz allmählich zu seiner überragenden Bedeutung heran. Das Verlangen nach Ausdruck und Empfindung der Zusammengehörigkeit trotz Teilung war ja nicht verschwunden – wie sollte es auch? Und so gewann die Verbindung des Gedankens einer guten Verfassung mit der Suche nach einem Patriotismus alsbald die Selbstverständlichkeit einer Wahrheit. Mit dieser Verfassung als Aufgabe bekam der Patriotismus auch wieder einen Gegenstand, an dem man sich orientieren konnte.

Inzwischen haben sich die Gedanken und Empfindungen weiterentwickelt. Die allgemeinen Menschenrechte tragen dazu ebenso bei wie ein zusammenwachsendes Europa. Nun melden sich neue Stimmen mit dem Vorschlag zu Wort, den Patriotismus überhaupt nicht mehr national zu beschreiben, sondern sich zu einem übernationalen Menschenrechtspatriotismus als Aufgabe zu bekennen. Aber das trifft die Sache noch weniger als ein nationaler Verfassungspatriotismus, wie sich bald zeigt. Es geht um mehr als nur um einen Begriff aufgeklärter Humanität. Patriotismus ist nicht nur die Beschreibung einer Aufgabe.

Was ist unser Verhältnis zur Verfassung? Eine Beziehung der Vernunft oder der Gefühle oder beides? Das Gefühl sagt wohl, dass es eine Vernunftsbeziehung sei. Unbeteiligt bleiben deshalb Gefühle nicht. Verordnet werden weder Gefühle noch Einsicht, schon gar nicht Patriotismus. Das wäre ganz gegen den Geist dieser guten Verfassung – vom Buchstaben zu schweigen. Es gibt weite Bereiche des menschlichen Lebens, die eine Verfassung weder ausfüllen kann noch will, die uns aber beim Patriotismus in den Sinn kommen. Die Verfassung ist nicht nur weltanschaulich neutral. Natur und Herkunft prägen uns Menschen, das, was unserem Wesen heimatlich vertraut ist, die Suche nach einer Geborgenheit, in der wir uns angenommen und in unserer Würde geachtet wissen. Die Verfassung hilft uns zu dieser Würde, aber wir sollten sie mit unseren Erwartungen nicht überfrachten.

Es ist schwer, Patriotismus zu beschreiben, schwer für viele Menschen, ihn zu empfinden, aber noch schwerer, wie ich glaube, ohne ihn auskommen zu wollen. Es ist gut und verantwortlich, sich in ihm so zu finden, dass niemand darunter leidet.

### *Die führenden Politiker*

Am Beginn der selbständigen politischen Existenz der Bundesrepublik waren die Menschen noch vom Gefühl des gerade erlebten Zusammenbruchs geprägt. Der Weg in die Zukunft schien vom Nullpunkt aus zu gehen. Die Realität war anders.

Eine politische Führungsschicht trat an, die aus bitterer Erfahrung wusste, worauf es ankam, um diesen zweiten Anlauf zu einer Demokratie in Deutschland nicht von neuem scheitern zu lassen. Ihr Ziel war es, eine kräftige Republik in Freiheit zu schaffen, liberal, offen und anziehungsstark für eine künftige Überwindung der aufgezwungenen, aber eben auch selbst mitverschuldeten Zweistaatlichkeit.

So bedrückend die Teilung und so gefährlich der Kalte Krieg waren, so begünstigten und erleichterten dennoch äußere Umstände den Einstieg in ein gutes Gelingen der jungen Bundesrepublik, ganz im Gegensatz zur DDR und ihrer unter den Kriegsfolgen einseitig schwer leidenden Bevölkerung. Unter dem alliierten Schutz nach außen konzentrierte sich die westdeutsche Politik rasch auf den Wiederaufbau des zerstörten Landes. Eine gewaltige Nachfrage herrschte nach Ausbildung und Arbeit, nach Gütern und Dienstleistungen aller Art. Bei den ersten Wahlkämpfen stand für die Bürger das Ziel eines persönlich spürbaren ökonomischen Fortschritts unter freiheitlichen Bedingungen im Vordergrund.

Geballte Aufmerksamkeit errang dadurch alsbald ein Mann, der eigentlich gar kein Politiker war, der zunächst parteilose Wirtschaftsprofessor Ludwig Erhard. Er wurde Direktor für Wirtschaft im so genannten Bizonen-Wirtschaftsrat, der die amerikanische und britische Besatzungszone umfasste, danach Bundeswirtschaftsminister. Mit unbeugsamer sachlicher Überzeugung und mit gradlinigem Mut vertrat er seine soziale Marktwirtschaft gegen Dirigismus und Planwirtschaft. Rasch firmierte er im In- und Ausland als »Vater des Wirtschaftswunders«, ein für die damalige Entwicklung typischer, aber einseitiger Spitzname, zu dessen Legitimation freilich auch viele andere beigetragen hatten, George Marshall mit seiner Hilfe zum Beispiel und nicht zuletzt ungezählte Millionen tätiger Bürger.

Die Führung lag indes alsbald in der Hand der Parteien, deren Kampfgewühl Erhard ziemlich fern stand. Auch als er selbst später Bundeskanzler und Parteivorsitzender wurde, wirkte er gemessen an seinen professionellen Parteivorstandskollegen oft geradezu unpolitisch, ja beinahe naiv, was im Übrigen menschlich durchaus nicht gegen ihn sprach.

Im Zentrum der Politik stand vielmehr von Beginn an Konrad Adenauer. 1876 in Köln geboren, war er ins Großbürgertum hineingewachsen und wäre schon als Kölner Oberbürgermeister 1926 beinahe Reichskanzler in der Weimarer Republik geworden. In der Nazizeit aus dem Amt gedrängt, wurde er nun im hohen Alter ein überragender Staatsmann. Die Deutschen, so erklärt es sich Sebastian Haffner, hätten immer schon an rüstigen Großvaterfiguren ihre Freude gehabt, so am alten Kaiser Wilhelm I., am alten Bismarck, am alten Hindenburg. Und nun habe dieser demo- und autokratische Patriarch die Reihe fortgesetzt. Mit seiner Erfahrung und seinem sicheren Instinkt, seiner Würde und seinem machtpolitischen Raffinement, seiner Schlagfertigkeit und seinem durch nichts aus der Ruhe zu bringenden Wesen führte er den ihm anvertrauten Teil Deutschlands hinein in den angesehenen Kreis der demokratischen Völker. Wie es kein anderer zu seiner Zeit vermocht hat, gewann er wieder die Achtung der Welt für uns Deutsche zurück.

Die feste Westbindung im werdenden europäischen Zusammenschluss und im atlantischen Bündnis war die entscheidende Wendung zu einer zuvor nie da gewesenen Orientierung der Deutschen in Europa. Es war der außenpolitische Neubeginn schlechthin. Dieser Schritt nach Westen fiel Adenauer nicht nur nicht schwer. Er entsprach vielmehr seinen tiefen lebenslangen Überzeugungen.

Adenauer erzählte mir selbst einmal mit Behagen eine auch sonst überlieferte Geschichte, mit der er sich gern und selbstbewusst charakterisierte. Er habe 1950 den britischen Oberbefehlshaber und Hohen Kommissar in der

Bundesrepublik, Sir Brian Robertson, darüber aufgeklärt, welcher der zahlreichen Fehler in der britischen Geschichte der unentschuldbarste gewesen sei: der bestimmende Einfluss des damaligen britischen Außenministers Lord Castlereagh auf dem Wiener Kongress, mit dem er die Preußen gezwungen habe, auf ihren Appetit nach dem ganzen Königreich Sachsen zu verzichten und sich stattdessen mit der Rheinprovinz abspeisen zu lassen. Preußen sollte dadurch ein Gegengewicht zum soeben besiegten, aber noch immer gefürchteten Frankreich auf dem Kontinent werden. Dies habe Adenauer den Briten nie verziehen, nicht einmal den Berlinern. Diese seien zwar damals an der Operation recht unschuldig gewesen, hätten aber nicht einmal Freude über sein schönes Köln empfunden. Das habe freilich ganz auf Gegenseitigkeit beruht.

Unverrückbar blieb Adenauer bei seiner Westorientierung, obwohl er dafür nicht nur Beifall erfuhr, sondern auch scharfe Kritik. Dies beruhte auf einer klaren, im Grunde überraschenden Diskontinuität zwischen Weimar und Bonn. Vor allem der Schweizer Autor Fritz René Allemann schilderte die radikale Neuorientierung in seinem Buch »Bonn ist nicht Weimar«. Rechts und Links hatten einen wichtigen Teil ihrer Rollen vertauscht. In Weimar neigten die Linken einem Internationalismus zu, während die Rechten sich weiterhin einem deutschen Nationalismus verschrieben. In der Bonner Republik dagegen trat das Bürgertum in der Mitte und rechts davon unter Führung von Adenauer für eine übernationale Westintegration ein. Demgegenüber sah die Linke ihre Priorität im nationalen Ziel der deutschen

Einheit, welches sie durch zu viel Westintegration als gefährdet ansah. Kurt Schumacher und später Erich Ollenhauer waren ihre Anführer.

In den Wahlkämpfen ging es alsbald hart zu, mitunter skrupellos. »Kanzler der Alliierten«, schon beinahe mit einem Hautgoût des Landesverrats, so ballerte Schumacher gegen Adenauer los. Dieser konterte ungerührt in einer Kampagne, ein Sieg der SPD wäre der Untergang Deutschlands. Auf einem Plakat der FDP hieß es: »Wo Ollenhauer pflügt, sät Moskau«. Man war also wieder dabei, wie schon im Kaiserreich, die Sozialdemokraten als »Reichsfeinde« zu behandeln. Bei der Mehrheit der westdeutschen Bevölkerung saß der Antikommunismus so tief, dass er sich als Waffe gegen die SPD geradezu anbot, wenn man die damit verbundene Unlauterkeit kaltschnäuzig hinzunehmen bereit war. Bis in die Gegenwart hinein müssen wir vergleichbare Aktionen auf abstoßende Weise erleben.

Immer wieder verführen Machtkämpfe die Parteien zu massiven Verstößen gegen Anstand und Fairness. Wie anderwärts, so war und so ist es auch in unserer Demokratie. Um keinen Preis darf uns dies gleichgültig machen. Denn wenn wir den Übelstand einfach hinnehmen würden, so ginge es mit dem Ansehen der Parteien, um das es ohnehin nicht zum Besten bestellt ist, immer weiter bergab, zum Schaden von uns allen.

Damals aber, zu Adenauers Zeiten, war es noch nicht sehr gefährlich. Zwar gab es bei vielen Bürgern eine starke Entrüstung über die Wahlkampfentgleisungen. Im Ganzen verfügte jedoch die politische Führungsschicht über ein hohes Ansehen – mit Recht. Neben Adenauer und Erhard gehörten weitere zahlreiche eindrucksvolle Persönlichkeiten zu ihr: der Schüler von Friedrich Naumann, Theodor Heuss, der maßgeblich für die Bürgerdemokratie eintrat; Ernst Reuter, der kraftvolle, glaubwürdige Regierende Bürgermeister von Berlin-West; der aufrechte Gewerkschaftsführer Jakob Kaiser, als Vorsitzender der Sozialausschüsse der CDU; Carlo Schmid, der als geistvoller Denker und Redner für die junge Demokratie entscheidend zu der so wichtigen Aufgabe beitrug, aus dem Bundestag das wahre Forum der Republik werden zu lassen; der allzu früh verstorbene Bundestagspräsident Hermann Ehlers, der Gründer des Evangelischen Arbeitskreises der CDU; Herbert Wehner, jahrelang überhaupt der wichtigste Abgeordnete im Bundestag; schon seit dem Beginn im Jahre 1949 noch viele andere, unter ihnen Gustav Heinemann und Thomas Dehler, Franz Josef Strauß und Fritz Erler, Adolf Arndt, Eugen Gerstenmaier und Heinrich Krone, ferner die Länderchefs Reinhold Maier und Hans Ehard, Max Brauer und Wilhelm Kaisen, Georg August Zinn und Karl Arnold. Es fällt erstaunlich und – gemessen am späteren Niveau – bedrückend leicht, aus der Anfangszeit an zahlreiche Persönlichkeiten zu erinnern, deren Hingabe und Verantwortungskraft, deren Glaubwürdigkeit und Selbständigkeit allseits Respekt und Vertrauen in die politische Führung erzeugte.

*Restaurativ oder innovativ?*

Unsere Suche nach einem Urteil über Neubeginn oder Kontinuität wurde bereits in den ersten Jahren der Bundesrepublik zu einem Streitthema, das vielen unter den Nägeln brannte. Der Publizist Walter Dirks löste 1950 eine heftige Debatte mit einem Aufsatz aus, den er unter dem Titel »Der restaurative Charakter der Epoche« schrieb. Eugen Kogon, zusammen mit Dirks Herausgeber der »Frankfurter Hefte«, unterstützte ihn durch scharfe Angriffe auf die Ära Adenauer. Ihre gemeinsamen Ziele waren eine radikale Veränderung der privaten und wirtschaftlichen Eigentumsverhältnisse, eine gründliche Reform des öffentlichen Dienstes, eine Umkehr der gesellschaftlichen Machtstellungen zu Lasten der »reaktionären Kräfte«. Der Vorwurf der Restauration lautete also: unerträgliche Kontinuität anstelle eines erlösenden Neubeginns.

Die Resonanz war beträchtlich. Das Stichwort Restauration hatte auf Anhieb einen Nerv getroffen. Es gab ein vielfältiges Echo, am Ende aber notwendigerweise ein differenziertes. In der Tat, große, quasi revolutionäre Veränderungen hatte es nicht gegeben. Es kam zu keiner Bodenreform. Eine Sozialisierung der Grundstoffindustrie unterblieb. Zwar wurden die Mammutgebilde der IG Farben und der Vereinigten Stahlwerke entflochten. Für die Überwachung von Montanunternehmen wurden Treuhänder eingesetzt. Der Schutz des Eigentums blieb jedoch unangetastet.

Bei Lichte besehen konnte von einer bösartigen Fortgeltung reaktionärer Strukturen nicht gesprochen werden. Die soziale Marktwirtschaft selbst war ein unerhört fruchtbarer, innovativer Ansatz von durchschlagender Kraft, der in viele andere Länder hineinwirkte. Neben dem neu gegründeten Bundesverband der Deutschen Industrie, für den es schon aus der Kaiserzeit Vorläufer gegeben hatte, zeichneten sich vor allem die Arbeitnehmervertreter durch starke neue Aktivitäten aus. Anstelle der alten Weimarer Richtungsgewerkschaften kam es zur Gründung der Einheitsgewerkschaft mit dem DGB als Dachverband. Hans Böckler war der hochgeachtete Vorsitzende. Das Mitbestimmungsrecht in der Montanindustrie wurde eingeführt, welches den Arbeitnehmervertretern einen gegenüber der Anteilseignerseite paritätischen Einfluss im Aufsichtsrat verschaffte. Im Gesellschaftsrecht für Unternehmen ist dieses Modell bis heute weltweit ein Unikum geblieben. Überdies hatten die deutschen Gewerkschaften es mit kräftiger Unterstützung der britischen Besatzungsmacht durchgesetzt, und zwar zu einer Zeit, als im Vereinigten Königreich eine Labour-Regierung am Ruder war, die etwas Ähnliches gern bei sich zu Hause eingeführt hätte, dies aber nicht zuwege brachte und es nun quasi in der von ihr mitbesetzten Bundesrepublik ausprobieren ließ. Hinzu kamen weitere Mitbestimmungsrechte, insbesondere durch das Betriebsverfassungsgesetz. Adenauer selbst kooperierte eng mit Böckler, dessen Verständnis der Kanzler für seine außenpolitische Westbindung suchte.

Insoweit also gab es einen zwar nicht revolutionären, aber nachhaltig wirksamen Neubeginn. Zutreffend waren indes die Beobachtungen, dass in den maßgeblichen Funktionseliten der Gesellschaft vorrangig Kontinuität herrschte. Die allermeisten Beamten und Angestellten des öffentlichen Dienstes fungierten weiter. In der Justiz war es ähnlich. Keine nennenswerten Veränderungen wiesen die Lehrkörper an den Universitäten auf. In der Wirtschaft blieb die Führungsschicht fast durchgängig unverändert. Im Ganzen gab es eine fortgeerbte und fortgesetzte Führungsschicht, deren Lebensalter relativ hoch lag, was nicht zuletzt eine Folge der großen Verluste bei der jüngeren Generation im Zweiten Weltkrieg war. Der Verdacht des Restaurativen hatte auch einen generationsspezifischen Grund.

Die Kontinuität in der Gesellschaft war umso erstaunlicher, als der Zusammenbruch der nationalsozialistischen Herrschaft und die anfängliche Marschroute der Besatzungsmächte auf eine radikale »Säuberung« in allen maßgeblichen Funktionen und Institutionen von Staat und Gesellschaft hinzuweisen schienen. Sofort nach Kriegsende hatten umfassende Kriegsverbrecherprozesse begonnen. Eine allgemeine Entnazifizierung hatte sich angedeutet. Fragebogen mussten ausgefüllt werden. Die Amerikaner erließen für ihre Truppen ein Fraternisierungsverbot im besetzten Land. Für die deutsche Bevölkerung verkündeten sie ihr Programm einer »reeducation«.

Aber bald entwickelten sich gegenläufige Tendenzen. Wer konnte als Ankläger und Richter amtieren? Nur die Sieger? Warum nicht auch deutsche Instanzen? Durfte man wirklich keinem deutschen Richter mehr zutrauen, über die Verbrechen der Nazizeit mit zu Gericht zu sitzen, wo es doch übergenug dieser Verbrechen gerade auch an den Deutschen selbst gegeben hatte? Und dies, obwohl die Sieger diesen Deutschen in der Bundesrepublik wenig später zutrauten, einen Beitrag für das westliche Verteidigungsbündnis zu liefern. Ich erinnere mich deutlich daran, wie mein alter Freund Axel von dem Bussche und ich im Spätherbst 1945 zusammen mit Marion Gräfin Dönhoff als Beobachter beim Hauptkriegsverbrecherprozess in Nürnberg zugegen waren. Axel und ich fanden es unbegreiflich und schwer erträglich, dass abgesehen von Zeugenaussagen buchstäblich keine einzige deutsche Stimme an der notwendigen und schweren Suche nach der geschichtlichen und politischen Wahrheit beteiligt war. Mit ihren Prozessen brachten die Siegermächte ganz bewusst zum Ausdruck, dass sie uns Deutschen nach wie vor keine unabhängige Justiz zutrauten.

Schließlich aber war es eben der Kalte Krieg selbst, der die Aufmerksamkeit von der Vergangenheit ablenkte und auf die Gegenwart konzentrierte. Bei den Fragebogenaktionen waren 0,5 Prozent als so genannte Hauptschuldige ermittelt worden. Die allermeisten Ausfüller wurden als »Mitläufer« oder einfach als »nicht betroffen« gekennzeichnet. Folgen für die weitere Beschäftigung gab es dadurch nicht. Nur in wenigen Fällen führte die politische Vergangenheit zum Ausschluss vom Beruf. Ein »mit mir« hatte es in der Weimarer Republik unter den Bürgern viel zu wenig gegeben, dafür umso mehr im »Dritten Reich«. Nach den bösen eigenen Erfahrungen bezog nun die Bevölkerung politisch für sich selbst überwiegend eine »ohne mich«-Haltung. Neue Experimente eines persönlichen Engagements in Parteien blieben lange Zeit die Ausnahme. Zugleich aber wurde die neue politische Führung in der Demokratie angenommen. Es funktionierte gar nicht schlecht. So kann man als Fazit für die erste Zeit der alten Bundesrepublik resümieren: Durch die Teilung Deutschlands waren wir einem Nullpunkt denkbar nahe. Das Bekenntnis zu einer späteren Wiedervereinigung blieb lebendig, aber der scharf ausgebrochene Kalte Krieg dämpfte damals die realen Aussichten nachhaltig.

Gemischte Antworten ergeben sich auf die Frage nach der Kontinuität. Mit dem Rechtsstaat und der föderalistischen Ordnung wurde Notwendiges wiederhergestellt – eine positive, tragende Stütze von Kontinuität, weil alte Länder ihre Einheit und Eigentümlichkeit wiederfanden. Wenig eindrucksvoll war demgegenüber die Folgenlosigkeit, mit der man rasch über eine schwer belastende Vergangenheit in der Gesellschaft hinwegging. Bald wuchs eine neue Generation heran, die sich später daran nachhaltig und unüberhörbar stieß.

Einen radikalen geschichtlichen Neubeginn vollzog die Außenpolitik der Bundesrepublik mit der europäischen und atlantischen Westbindung. Das Bonner Grundgesetz und die soziale Marktwirtschaft schufen eine gute und feste neue Grundlage für die Zukunft. Die Aufnahme von zwölf Millionen Heimatvertriebenen und die Hilfe für sie durch einen von der ganzen Westbevölkerung zustande gebrachten Lastenausgleich war nicht nur eine große Anstrengung, sondern auch eine die Menschen verbindende, bedeutende, in der europäischen Geschichte neue Leistung.

# III
# Neunzehnhundert-
# neunundsechzig

*Regierungserklärung des neuen Bundeskanzlers*

Am 22. Oktober 1969 wurde der sozialdemokratische Parteivorsitzende Willy Brandt zum Bundeskanzler gewählt. Seit 39 Jahren hatte es keinen SPD-Kanzler mehr gegeben.

Sechs Tage später gab Willy Brandt seine erste Regierungserklärung ab. Sie hatte es in sich. »Mehr Demokratie wagen« – hatte es denn bisher dazu am Mut gefehlt? »Wir wollen ein Volk der guten Nachbarn sein« – also waren wir bisher schlechte? »Auch wenn zwei Staaten in Deutschland existieren ...« – gebrochen wurde durch diesen unscheinbaren Nebensatz mit dem zentralen deutschlandpolitischen Bekenntnis der ersten zwanzig westdeutschen Jahre, nämlich die DDR einfach nicht zur Kenntnis zu nehmen.

Und dann steigerte sich die Rede mit ihrem Schlusssatz zu einem Trompetenstoß. »Wir stehen nicht am Ende unserer Demokratie, wir fangen erst richtig an.« Da erschallte ein Fortissimo, voller Pathos, wie es neu gewählte Bundeskanzler lieben. Man denke an die erste Ankündigung von Kanzler Kohl dreizehn Jahre später, mit der er die »geistig moralische Wende« beschwor. Gleichviel – wir hatten richtig gehört: Brandt hatte eine zweite Stunde Null ausgerufen.

Was konnte damit gemeint sein? Hatte es denn 1949 nur zu einer demokratischen Notlösung gereicht? War sie von dem einen politischen Lager gegen oder ohne das andere in Szene gesetzt worden? Im Ernst konnte davon keine Rede sein. Eine bürgerlich-konservative Mehrheit hatte es gegeben, in der Tat. Sie spiegelte die damalige Mehrheitsstimmung ganz demokratisch wider. Für Sicherheit und Ansehen unter den Völkern hatte Konrad Adenauer verlässlich gesorgt. Die allgemeine Richtung der uns betreffenden Weltpolitik lag nicht in unserer Hand. Und in Zeiten des wirtschaftlichen Wiederaufbaus hatten die meisten Bürger auf Ludwig Erhard gesetzt.

Schritt für Schritt hatten sich die Sozialdemokraten den Verhältnissen angenähert. Herbert Wehner hatte seine Partei aus ihrem beinahe antiwestlichen Loch herausgeführt. Brandt hatte als Regierender Bürgermeister von Berlin-West die ersten Fühler über die Zonen- und Sektorengrenze zur Führung der DDR ausgestreckt. Die Sozialpolitik lag in der Hand einer real existierenden inoffiziellen Koalition der Arbeitnehmerflügel beider großen Volksparteien. In den Bundesländern herrschten parteipolitisch verteilte Mehrheitsverhältnisse.

Die Wahl vom Herbst 1969 brachte den dritten Kanzler innerhalb von sechs Jahren an die Macht, nach Erhard und Kiesinger. Alle Wechsel hatten sich beispielhaft korrekt vollzogen. Die Demokratie hatte ihre Bewährung bestanden. Wieso also der Lärm, die erregte Stimmung, beinah ein richtiges Wendegefühl? War es vielleicht doch ein echter Abschied von der Kontinuität der ersten zwei westdeutschen Jahrzehnte? Ja und nein zugleich.

Wir sind daran gewöhnt, den Regierungswechsel des Jahres 1969 mit der Achtundsechziger-Bewegung in einem Atemzug zu nennen. Ohne Zweifel stammten aus der Jugendrevolte wesentliche Impulse und Töne für die Parolen von Brandt: gegen eine Demokratie, die nur politisch formal praktiziert wird und sich mit den Aktionen der Verfassungsinstitutionen begnügt; demokratisch muss nun endlich die Gesellschaft selbst werden, nicht nur der Staat. Demokratie ist keine Technik, sondern Leben. Dazu gehören Kinderkrippen, antiautoritär geprägte Schulen, drittelparitätisch geführte Hochschulen, neue Wohn- und Lebensgemeinschaften. »Alternativ« sollte alles werden.

Der Wahlkampf des Jahres 1969 produzierte etwas vollkommen Neues. Als Partner der großen Koalition fochten die beiden großen Parteien gegeneinander mit einer nie erlebten Heftigkeit, aber nicht primär um bestimmte sachliche Entscheidungen, sondern um die Stimmung. Nicht nur Politiker, sondern gesellschaftliche Institutionen, Künstler, Intellektuelle, Kinder – alles wurde mobilisiert. Massenweise kam es zu Eintritten in die Parteien. Schüler hefteten Parteiaufkleber an ihre Schulmappen. Nicht nur die Autoscheiben signalisierten nach vorne und hinten die jeweilige Parteipräferenz, selbst manche Mäntelchen promenierender Hunde gaben Auskunft über politische Vorlieben ihrer »Herrschaft«. Man begann sich zu wundern, warum nicht auch noch Kinderschlafanzüge mit Parteistickereien feilgeboten wurden. Bewegung, Aufbruchstimmung, Polarisierung beherrschten die Atmosphäre. Schluss mit dem Alten, her mit dem Neuen. Brandts Helfer waren die Herolde. Er ließ es geschehen und hatte Erfolg.

Mit seiner Regierungserklärung knüpfte er an John F. Kennedy an, dessen erste Rede als Präsident den Charakter einer ebenso nüchternen wie idealistischen Heilsbotschaft an die Nation getragen hatte. Zugleich aber war der bewusste und gewollte Tenor von Brandts Rede Provokation. Das gelang, wenngleich auf fragwürdige Weise. Das unsinnig arrogante Signal, nun wollten wir mit der Demokratie erst richtig anfangen, löste später eine nicht weniger verantwortungslose Antwort aus den Unionsparteien aus: Freiheit statt Sozialismus. Mit diesem neuen Slogan wurde vorsätzlich und ohne ein Wort der Erklärung ein brutal pervertierter, diktatorischer »Sozialismus« von Stalin bis Ulbricht in einen Topf mit dem demokratischen Sozialismus unserer SPD geworfen, jener Partei also, die als erste und wie keine andere Partei um die republikanisch-demokratische Freiheit gekämpft und Opfer gebracht hatte. Die denkbar knappe Mehrheit im Bundestag für die neu begründete sozialliberale Koalition war 1969 der fortdauernde Ausweis für ein in zwei politische Lager gespaltenes Land.

Nullpunkt? Neubeginn? Kontinuität? Wie stand es nun bei näherem Hinsehen um das politische Klima in der Bundesrepublik? Wieder gilt es, zwischen der inneren und der äußeren Lage zu unterscheiden, auch wenn stets beides aufeinander einwirkt.

*Die sechziger Jahre*

Nachdem der Pulverdampf der Worte verflogen und die Schalmeienklänge verhallt waren, zeigte sich ziemlich bald, dass der Herbst 1969 für die innere Entwicklung der Demokratie doch nicht den fundamentalen Einschnitt bedeutete, wie ihn die neue Führung für sich in Anspruch genommen hatte. Gewiss hatten die Achtundsechziger tief gehende und fortdauernde Wirkungen erzeugt. Die Jugendrevolte war jedoch nicht urplötzlich vom Himmel gefallen. Auch verlängerte sie nicht lediglich die Studentenproteste aus anderen westlichen Ländern in die Bundesrepublik hinein. Vielmehr waren ihr schon während der ganzen sechziger Jahre in wachsendem Maß demokratische Impulse aus der eigenen Gesellschaft vorangegangen, und diese hatten Schritt für Schritt nachhaltige Veränderungen bewirkt.

Selten lässt sich ein Wandel im Gefühl eines jeden Tages erspüren, und doch kann sein Ausmaß allmählich wahre Bedeutung erlangen. So war es schon jahrelang vor Brandts Kanzlerschaft.

Die Bundesrepublik war nicht schon unmittelbar nach ihrer Gründung eine liberale Demokratie. Der Weg dorthin war konfliktreich. Aber die These von einer schlummernden, nicht wirklich angenommenen, praktizierten Demokratie in der Gesellschaft bis zum Jahr '69 ist ein Märchen, so wie es auch nicht erst 1968/69 zur zweiten, wahren Gründung der Demokratie kam.

Aus der Vorgeschichte der sechziger Jahre sei an Beispiele demokratischer Initiativen aus der Gesellschaft erinnert, die ohne formelles Mandat zu zentralen Fragen der Zeit Stellung bezogen hatten. Eine erste, bedeutungsschwere Intervention ging noch weiter zurück. Im Jahr 1957 hatten achtzehn führende deutsche Atomphysiker, unter ihnen vier Nobelpreisträger, in der so genannten »Göttinger Erklärung« jegliche Beteiligung Deutschlands an der Forschung und Herstellung, der Stationierung oder Mitverfügung im Bereich der Atomwaffen strikt abgelehnt. Sie wandten sich damit gegen den damaligen Verteidigungsminister Franz Josef Strauß, dem es um die Ausrüstung der Bundeswehr mit atomaren Trägersystemen ging. Die »Göttinger Erklärung« fand heftigen Widerspruch, unter anderem auch in der Industrie, deren Verbandspräsident sich kategorisch solche, wie er sagte, illegitimen Interventionen überheblicher Intellektueller verbat. Adenauer behandelte aber die Aktion äußerst behutsam. Er lud die Protagonisten der Erklärung zu einem ausführlichen Gespräch ein und vermittelte eine Art Waffenstillstand zwischen Franz Josef Strauß und Werner Heisenberg mit seinen Freunden und Kollegen. Die Erklärung hat ihre Wirkung bis zum heutigen Tage beibehalten.

Die Gesellschaft war durchaus nicht politisch eingeschlafen. Großes Aufsehen erregte 1962 das »Tübinger Memorandum«. Bekannte protestantische Vertreter aus Wissenschaft und Medien, unter ihnen wiederum Werner Heisenberg, Georg Picht, Klaus von Bismarck und mein Bruder Carl-Friedrich, warnten vor einer Erstarrung der politischen Landschaft, vor lähmendem Besitzstandsdenken im sozialen Bereich und vor ungerechtfertigten Privilegien an den Hochschulen. Sie forderten eine durchgreifende Neuordnung des Erziehungs- und Bildungswesens. In den außenpolitischen Feldern riefen sie dazu auf, der Bevölkerung endlich die Wahrheit über die Unumkehrbarkeit der Heimatverluste als Kriegsfolgen zu sagen und ihr nicht länger die Chance revidierter Grenzen durch einen künftigen, im Nebel des Horizonts vermuteten Friedensvertrag vorzugaukeln. Meinerseits beteiligte ich mich zum ersten Mal an der damit ausgelösten demokratischen Bürgerdebatte durch öffentliche Stellungnahmen. Ein politisches Mandat hatte ich nicht. Ich war in der Wirtschaft tätig. Unter anderem trat ich mit Zeitungsartikeln gegen eine starr angewandte Hallstein-Doktrin und für eine Anerkennung der Oder-Neiße-Grenze ein. Das Echo war aufmerksam und kritisch zugleich.

Die westdeutsche Gesellschaft wurde offener, liberaler und, was in einem gemischtkonfessionellen Land von großem Gewicht ist, ökumenischer. Dazu trug das Zweite Vatikanische Konzil unter dem Pontifikat von Johannes XXIII. 1965 wesentlich bei. Die in Rom versammelten polnischen Bischöfe richteten mit den Worten: »Wir vergeben und bitten um Vergebung« eine Versöhnungsbotschaft an ihre deutschen Amtsbrüder. Diese antworteten, etwas später und immer noch ein wenig zaghaft. Doch es waren hoffnungsvolle erste Zeichen in einer politisch noch immer ziemlich vereisten Atmosphäre.

Die Forderungen nach Reform der Schulcurricula, der Ordinarien-Universitäten und der sozialen Chancengerechtigkeit nahmen zu. Vertreter aus dem kulturellen Leben meldeten sich zunehmend politisch zu Wort. Der junge Film mit Rainer Werner Fassbinder, Werner Herzog, Alexander Kluge und Volker Schlöndorff entfaltete seinen prägenden, mobilisierenden Einfluss auf viele junge Menschen. Golo Mann plädierte für eine Österreich-Lösung der deutschen Frage. Strenge, weithin gehörte Worte schrieb Karl Jaspers Mitte der sechziger Jahre unter der provozierend gemeinten Frage: »Wohin treibt die Bundesrepublik?«

Kanzler Erhard lud bedeutende Wissenschaftler, Künstler und Publizisten zu sich ein, um sich mit ihnen über »Deutschland in innerer und äußerer Sicht« auszutauschen. Es war kein kulturelles Gipfeltreffen. Erhard hatte aber die wohlmeinende, ernsthafte Absicht, einen kleinen Beitrag dazu zu leisten, um Macht und Geist im Sinne einer liberalen Demokratie einander näher zu bringen. Zunächst wurde daraus aber nichts. Im Gegenteil, Erhard machte bald darauf seinem Herzen auf eine allzu drastische Weise Luft. Er fühlte sich durch die politische Kritik der Intellektuellen verkannt und verletzt. Wenn Dichter unter die Sozialkritiker gegangen seien, was selbstverständlich ihr gutes demokratisches Recht bedeute, dann müssten sie nach Verdienst und Sachverstand angesprochen werden, »nämlich als Banausen und Nichtskönner, die über Dinge urteilen, von denen sie einfach nichts verstehen... Sie begeben sich auf die Ebene eines Parteifunktionärs und wollen doch mit dem hohen Grad eines Dichters ernst genommen werden. Nein, so haben wir nicht gewettet. Da hört der Dichter auf, da fängt der ganz kleine Pinscher an.« In Wahrheit war Erhard liberal und offen gegenüber den Stimmen aus dem Bereich der Kultur. Nur geriet er dann außer sich, wenn ihm jemand seinen ureigensten Erfolg, nämlich den gewachsenen Wohlstand im Lande, vermiesen wollte. Doch nun war das ominöse »Pinscher«-Etikett geboren. Alsbald erhielt Willy Brandt verstärkten Zulauf von Wissenschaftlern und Künstlern, um der SPD im Wahlkampf zu helfen, unter ihnen Günter Grass, Martin Walser und Uwe Johnson.

Es war eine kurze Zeitspanne, in der es halbwegs gelang, eine fruchtbare, öffentlich spürbare Wechselwirkung zwischen Geist und Macht endlich auch einmal bei uns zustande zu bringen, wie es im Nachbarland Frankreich gute Tradition ist. Später setzte Helmut Schmidt dies auf seine nüchterne, ernsthafte, weniger auf öffentliche Wirkung abzielende Weise fort, er, der sich unter allen Kanzlern am intensivsten mit politischer Philosophie und Ethik befasst hatte, zumal mit Immanuel Kant und Max Weber.

Besonderes Gewicht hatte 1965 die so genannte Ost-Denkschrift der Evangelischen Kirche in Deutschland. Ihr zentrales Thema war das deutsch-polnische Verhältnis. Noch immer gab es zwischen Polen und Westdeutschland keine amtlichen Beziehungen. Die Bonner Parteien hatten eine Behandlung der Oder-Neiße-Grenze stets vor sich hergeschoben. Bei vielen Vertriebenen war die Illusion einer möglichen Rückkehr in die alte Heimat mit dem Hinweis auf jenen nebelhaften Friedensvertrag aufrechterhalten worden. Die Denkschrift, an deren Abfassung ich als stellvertretender Vorsitzender der zuständigen Kammer der Evangelischen Kirche beteiligt war, forderte das Ende des parteitaktischen, unaufrichtigen Schweigens. Es folgten die lebhaftesten öffentlichen Auseinandersetzungen. Der entscheidende Anstoß war gegeben. Es gab keine Umkehr mehr auf dem Weg zur künftigen Entspannungspolitik mit dem Schwerpunkt Polen, auch wenn bis zur Anerkennung der Oder-Neiße-Grenze durch die Bundesrepublik im Warschauer Vertrag noch fünf Jahre vergehen sollten.

### Die Achtundsechziger

Alles in allem gab es im Verlauf dieser sechziger Jahre unter den Parteipolitikern recht wenig Sehnsucht nach »mehr Demokratie wagen«. Manchen von ihnen, auch in der SPD, waren Initiativen aus der Gesellschaft eher schon zu weit gegangen.

Aber die Bundesrepublik lebte ja nicht für sich allein. Sie war offen für grenzüberschreitende Tendenzen. Und so geriet sie – wie schon erwähnt – unter den starken Einfluss jugendlicher Protestbewegungen aus anderen Ländern. Zu unterscheiden war zwischen einer internationalen Solidarität unter aufmüpfigen Jugendlichen und den spezielleren Revoltemotiven in einzelnen Ländern. Begonnen hatte es an kalifornischen Universitäten. Dort gab es vor allem Bürgerrechtsproteste und Anti-Vietnam-Kampagnen. Zugleich deutete sich so etwas wie der Versuch einer weltweiten Jugend-Kulturrevolution an. Der deutsch-amerikanische Philosoph und Sozialwissenschaftler Herbert Marcuse verkündete das visionäre Bild einer vom Kapitalismus erlösten Gesellschaft, einer Befreiung der vom Imperialismus unterdrückten, armen Völker. Er sprach vom Naturrecht auf Widerstand und von der hemmenden repressiven Toleranz gegenüber der fortschrittlichen Wirkung einer progressiven Gewalt.

Als Reflex darauf kamen an den westdeutschen Hochschulen paradoxe Entwicklungen zustande. Die Studenten lernten von den amerikanischen Demonstrationsmethoden des Sit-in, der Hörsaal- und Campusbesetzungen. Man wurde bei uns also wieder ein Stück »westlicher«. Andererseits aber war die Stimmung eher antiamerikanisch, weil antikapitalistisch. Zugleich war es ein lauter Protest gegen den Vietnamkrieg.

Auch an anderen Fronten zeigte sich eine Verwirrung von Protestmotiven. Die Studenten richteten scharfe Fragen an die Vätergeneration zur nationalsozialistischen Vergangenheit, vor allem zur Ermordung der europäischen Juden. Viele von ihnen sympathisierten aber eher mit den Palästinensern als mit den Israelis, weil diese bei ihnen im Verdacht standen, im Einklang mit und unter dem Druck des amerikanischen Kapitalismus zu handeln.

Warum hatte es bisher so wenig spürbare, aufrichtige und reinigende Auseinandersetzungen mit der eigenen Rolle in der Nazizeit gegeben, zumal an den Hochschulen? Wie kam es, dass bei vielen jungen Menschen das ganze Kapitel wie tabuisiert erschien? Was waren die Gründe für ein solches Beschweigen der Vergangenheit? Jetzt gab es geradezu inquisitorische Fragen der Jungen an die Alten. Zumal nach allem, was der Eichmann-Prozess in Jerusalem und die Frankfurter Auschwitz-Verfahren schon vor Jahren über das eigene Land ans Licht gebracht hatten, waren einer Reihe von maßgeblichen Achtundsechzigern gerade diese Fragen bitter ernst. Auch Joschka Fischer zählte zu ihnen. Die Grundstimmung in der ganzen westdeutschen Jugendrevolte dürfte er aber gewiss überschätzt haben, als er später meinte, die Achtundsechziger-Bewegung wäre weithin überflüssig gewesen, wenn ich meine Ansprache zum 8. Mai 1985 schon zwanzig Jahre früher gehalten hätte. Dass es so nicht war, war bald zu erkennen, weil die Revolte ziemlich rasch von einer ernsthaften Auseinandersetzung mit der Vergangenheit Abstand nahm. Weit stärker dominierte eine theorieverliebte Auseinandersetzung mit Faschismus und ein recht konkreter Kampf gegen Autoritäten aller Art.

Gerade hatte der Bundestag Notstandsgesetze verabschiedet. NS-Gesetze wurden sie genannt. Der lange Marsch durch die Institutionen wurde propagiert, in Erinnerung an Maos weiten Weg zur Macht. Zahlreiche Mao-Bibeln, Bekenntnisse zu Che Guevara und zu Ho Chi Minh wurden als Wirkungen von Marcuse verstanden, obwohl dieser oft reichlich unpolitisch war.

Es ging hoch her. Aktive Teile einer neuen Generation wollten sich lossagen von einer kritiklosen Dankbarkeit dafür, dass sie nun über weit mehr Freiheit und Wohlstand verfügten als ihre Vorfahren. Der Wiederaufbau hatte sich nach ihrer Meinung in eine allzu einseitige, materiell orientierte, selbstsüchtige Leistungsgesellschaft hineinentwickelt. Gesucht wurde nach Demokratie nicht nur in Gestalt politischer Initiativen aus der Gesellschaft, sondern nach Demokratie als Lebensform.

Vor allem an den Hochschulen geriet jeder Autoritätsanspruch unter Verdacht. Mit dem »Muff von tausend Jahren« wurde nicht das Tausendjährige Reich bekämpft, welches Hitler angekündigt hatte. Vielmehr ging es gegen die angemaßten Anspruchshaltungen der Ordinarien, den Muff unter den Talaren. Wenn ein Professor seine Vorlesung über mittelhochdeutsche Literatur halten wollte, so sollte ihm das erst gestattet werden, nachdem er in einem peinlichen Verhör darüber Auskunft gegeben hatte, wie oft er schon gegen die eheliche Treue verstoßen habe. Es galt, mit allen Mitteln Autorität zu kompromittieren.

Überlieferte Bindungen und Traditionen wurden angefochten, eine neue Emanzipation ausgerufen, Frauenbewegungen nachhaltig gestärkt. Es gab keine Verständigung zwischen den Generationen. Ältere fühlten sich in ihren Aufbauleistungen verkannt. Jüngere verlegten sich mit radikaldemokratischen Mitteln aufs Provozieren, auf Abbruch und möglichst rücksichtslosen Neuanfang. Es gab fundamentalen Widerspruch, strikte Verweigerung, massive Konfrontation und allseits ein relativ bescheidenes Maß an Mut zu vernünftigem Dialog.

Die Achtundsechziger wollten einen politischen Aufbruch. Viele von ihnen empfanden ihn als einen hochmoralischen Kulturkampf. Trotz ihrer fragwürdigen Ansprüche und Methoden gewannen sie einen erheblichen Einfluss auf das demokratische Klima in der westdeutschen Gesellschaft. Er ist unverkennbar geblieben. Ohne ihn sähe die Republik heute anders aus. Dies schließt aber auch die sie belastende Seite ausdrücklich ein. Denn aus scharfer Konfrontation entwickelten sich zum Teil offene Gewalt, später schwere Fälle von Terror und brutalen Verbrechen. In der Folge musste der demokratische Rechtsstaat seine härtesten Proben bestehen. Das alles geschah erst nach dem Jahr 1969, war aber schon früher im Keim angelegt.

Urplötzlich brach nun vor kurzem, also 30 Jahre später, eine bisher nicht erlebte heftige Debatte über die Achtundsechziger und ihre Konsequenzen aus. Freilich war ihr Ziel weniger eine zeitgeschichtliche Wahrheitsfindung. Vielmehr galt der vom Zaun gebrochene Streit dem Versuch der Opposition, den gegenwärtigen Außenminister Joschka Fischer wegen der Art und Weise seiner Beteiligung an der Jugendrevolte zum Amtsverzicht zu bewegen. Es war also eine auf heute bezogene politische Auseinandersetzung, was prinzipiell selbstverständlich legitim ist. Allerdings wurde sie so gut wie gar nicht über die Qualität seiner derzeitigen außenpolitischen Konzeptionen und Leistungen geführt. Stattdessen sollte wieder einmal die Geschichte neu analysiert und instrumentalisiert werden, um als Waffe im gegenwärtigen Kampf verwendbar zu werden.

Erneut ging es hochmoralisch zu, nur diesmal mit vertauschten Fronten. Jedes Wort über die Jugendrevolte beanspruchte die Moral für sich. Doch seltsamerweise war die Wirkung anders als von den Initiatoren erhofft. Das eigentliche Ziel nämlich, den Außenminister loszuwerden, wurde gründlich verfehlt. Dennoch hatte diese so lange schlummernde Auseinandersetzung über die Jugendrevolte und ihre Folgen auch eine klärende Wirkung. Dazu trugen nicht zuletzt Fischers autobiographische Kommentare bei. Das Wichtigste war sein Bekenntnis zum Kernfehler der Revolte in der Folgezeit, während der siebziger Jahre, nämlich die Entscheidung von zu vielen Jugendlichen, unter dem Signum der Revolution gegen die sich entfaltende Demokratie in der Bundesrepublik auf Gewalt zu setzen. In Teilen der Neuen

Linken war die Pflicht und Verantwortung versäumt worden, sich rechtzeitig und eindeutig von einer nichtdemokratischen, revolutionären, gewalttätigen Haltung zu distanzieren. Antje Vollmer nennt die Auseinandersetzung um die Militanz bei den Achtundsechzigern »eine ungeschriebene Geschichte«.

Die Debatte hatte gleichwohl ihren Wert, weil sie die Einsicht bestätigte, dass ohne 1968 die Republik anders aussähe, und zugleich, dass man es bei der Revolte nicht mit lauter Helden zu tun hatte. Es besteht kein Grund zu einem Mythos. Es ist niemals umsonst, ein Bekenntnis gegen jede Gewalt und zu persönlicher Verantwortung nachdrücklich zu bekräftigen.

Im Übrigen ermittelte das Allensbacher Institut für Demoskopie einen ziemlich klaren Befund über Reaktionen in unserer Bevölkerung. Es herrscht eine fast freundliche Erinnerung an die Achtundsechziger. Man begreift sie am ehesten als »Sturm-und-Drang-Periode«. Die meisten Bürger halten heute das Thema für ein abgeschlossenes Kapitel.

Bis zu einem gewissen Grade sind auch Unterschiede in der Beurteilung der Jugendrevolte zwischen West- und Ostdeutschland abgeflacht. Damals, nach dem August 1968, stand die Zeit in der DDR vollkommen unter dem Eindruck der sowjetischen Panzergewalt gegen den Prager Frühling der mutigen Reformer in der ČSSR. Für zahlreiche Argumente, die von westlichen Revoluzzern gegen die demokratischen Verhältnisse in der damaligen Bundesrepublik vorgebracht wurden, hatte man im Osten keinerlei Verständnis, zum Beispiel wenn jemand den unsinnigen Versuch unternahm, die Springer-Presse mit den von der SED streng zensierten Medien zu vergleichen, oder wenn gar das Kölner Verfassungsschutzamt mit der Ostberliner Staatssicherheit in einem Atemzug genannt wurde. Die Geschichte in den beiden deutschen Staaten verlief eben damals streng voneinander getrennt. Zu viele Westdeutsche hatten in jener Zeit weder Kenntnis noch Neigung, ihre eigenen Miseren ernsthaft mit den real existierenden schweren Zwängen für die Deutschen in der DDR zu vergleichen. Es wird noch lange dauern, bis es zwischen Ost und West gelingt, uns in der Erinnerung und Bewertung der Geschichte anzunähern.

Hatte die Jugendrevolte für den Wahlkampf von Brandt, aufs Ganze gesehen, eine beschwingende Wirkung gehabt, so wurden die mit ihr verbundenen Probleme dann während seiner Regierungszeit alsbald spürbar. Mit seinem »Machtwechsel« hat uns Arnulf Baring eine faszinierende Schilderung dieses Kapitels westdeutscher Geschichte vermittelt. Zwischen den Parteilagern war es, wie schon angedeutet, zu einer wachsenden Polarisierung gekommen.

Eine Schlüsselrolle spielte die Person von Gustav Heinemann. 1950 war er als Bundesinnenminister aus dem Kabinett und der Partei von Adenauer ausgetreten. Zunächst hatte er eine eigene Partei gegründet, zu der unter anderen Erhard Eppler, Johannes Rau und Jürgen Schmude gehörten. Mit ihnen trat Heinemann dann aber der SPD bei. Er selbst wurde 1966 Bundesjustizminister. Mit Umsicht und Mut gegenüber der kritisch aufbegehrenden Jugend setzte er die Verabschiedung der Notstandsgesetze durch, aber auch die überfällige Novellierung des Sexualstrafrechts. Er war kompromisslos verfassungstreu, ein glaubwürdiger, redlicher, vernünftiger Anwalt des Rechtsstaats.

Als nun 1969 die Wahl des Bundespräsidenten als Nachfolger von Heinrich Lübke vorbereitet wurde, kam es zu einem Hin und Her. Der damalige Bundeskanzler und CDU-Vorsitzende Kiesinger wollte mich als Kandidaten nominieren. Meinerseits hielt ich dies zum damaligen Zeitpunkt weder für erstrebenswert, da ich zu wenig praktische politische Erfahrung hatte, noch für sehr aussichtsreich, da ich in der eigenen Partei mit Recht den dort nicht populären Ruf eines Pro-Polen-Politikers hatte. Daher schlug ich selbst Gustav Heinemann als einen Kandidaten vor, auf den sich SPD und CDU einigen könnten. Das misslang, weil Heinemann bei der CDU noch immer als Abtrünniger tief in Verruf stand. Da sich die große Koalition auf Georg Leber als Kandidaten nicht einigen wollte, stellte die SPD ihrerseits Heinemann dann allein auf.

Der neue junge FDP-Vorsitzende Walter Scheel vollbrachte 1969 eine große innerparteiliche Leistung, indem er dort die Uneinigkeit überwand und die nötigen Stimmen mobilisierte, die Heinemann schließlich nach mehreren Wahlgängen eine äußerst knappe Mehrheit in der Bundesversammlung verschaffte. Vor dem Amtsantritt sprach dieser dann von seiner Wahl als einem Signal für einen bevorstehenden »Machtwechsel«. Dies erwies sich später als zutreffend; der Begriff »Machtwechsel« wirkte aber provozierend aus dem Munde des im März 1969 schon zur Überparteilichkeit verpflichteten designierten Staatsoberhaupts. Auch wenn ihm dies übel genommen wurde, in der Folgezeit war Heinemann ein äußerst gewissenhafter, verantwortungsvoller, parteipolitisch völlig unabhängiger Präsident. Für die Aufgabe der Verständigung mit der rebellischen Jugend war niemand geeigneter als er.

Mit den verkündeten innenpolitischen Zielen gab es für Brandt alsbald mehr Schwierigkeiten als Erfolge. Jochen Steffen aus Schleswig-Holstein, später Vorsitzender der Grundwertekommission der SPD, verkündete, nun gelte es, die Belastbarkeit der Wirtschaft zu prüfen. Die Lage spitzte sich so zu, dass der für Wirtschaft und Finanzen zuständige Superminister Karl Schiller aus Sorge, dass »die« eine ganz andere Republik wollten, bald zurücktrat. Sein Nachfolger wurde Helmut Schmidt. Aus den dringend notwendigen Bildungsreformen wurde insbesondere an den Hochschulen ein Gerangel zwischen allen Beteiligten um Drittelparität und Staatseinfluss. Das faktische Ergebnis war ein Sieg der Bürokratie zu Lasten sowohl der Professoren als auch der Studenten.

Im kulturellen Leben gab es Versuche, Impulse der Revolution wirksam werden zu lassen. Eindrucksvoll war die Art und Weise, wie Peter Stein sich darum bemühte. Gegen erbitterten Widerstand schuf er 1970 in Berlin die Schaubühne mit dem Ziel, mit Stücken aus der Klassik und der Gegenwart die Ideen der rebellischen Jugend auf die Theaterbühne zu bringen, um ihnen dort zugleich Geltung zu verschaffen und sie zu besänftigen.

1969 war so etwas wie Halbzeit des westdeutschen Staates und – ohne dass wir es wussten – Halbzeit des anderen deutschen Staats. Für die Demokratie im Inneren war es ein Datum von großem und bleibendem Gewicht, aber beileibe keine Stunde Null. Die Verfassungsordnung hatte sich bewährt. Mit keinem demokratischen Machtwechsel droht irgendein Untergang, mit keiner neuen Regierung fängt die Sache erst richtig an. Ein Gegner ist immer auch ein Lehrer. Wir korrigieren einander und arbeiten doch stets mit den guten und schlechten Erbschaften unserer Vorgänger weiter. Alle sind daran beteiligt, alle davon betroffen.

### *Die neue Ostpolitik*

Die zentrale Veränderung, der eigentliche Neuanfang in der geschichtlichen Mitte der Lebenszeit des westdeutschen Staates, lag im Bereich der Außen- und Deutschlandpolitik der Bundesrepublik. Hier nahm die Regierung Brandt/Scheel sehr rasch dramatische Änderungen und Weichenstellungen vor.

Das, was bisher gefehlt hatte, war nicht die Geburt der Gedanken, sondern der Entschluss zur Tat. Lange war er heftig umstritten. Schließlich machte ihn eine eskalierende Vorgeschichte unausweichlich.

Seit der Wahl von John F. Kennedy zum amerikanischen Präsidenten 1960 hatten ernsthafte Bemühungen eingesetzt, die Gefahren der atomaren Waffen und damit den Ost-West-Konflikt selbst unter Kontrolle zu bringen. Dazu gehörte es, dass die Supermächte gegenseitig ihre Einflussgebiete mehr oder weniger stillschweigend respektierten. Rüstungskontrollverhandlungen begannen. Zwischen dem Kreml und dem Weißen Haus wurde ein rotes Telefon installiert, damit beide Mächte sich in einer atomaren oder anderen ernsten Krise rasch verständigen könnten.

Unter dem Druck der USA räumte die Sowjetunion ihre Raketenstellungen auf Kuba. Schon ein Jahr zuvor aber war mitten durch Berlin die Mauer gebaut worden. Darauf hatte es keinerlei amerikanische Reaktion gegeben. Der damalige Regierende Bürgermeister von Berlin, Willy Brandt, war außer sich. Immer wieder benutzte er in seiner Kritik das Bild, nun sei der Vorhang aufgegangen, »und siehe, die Bühne war leer«. Das Stück »Verantwortung der vier Mächte für Berlin als Ganzes« war vom Spielplan genommen. Jede Seite, Ost und West, herrschte in ihrem Teil Berlins. Jeder Zugriff auf den anderen Teil, also jeder Eingriff zugunsten des »Ganzen«, hätte die neue amerikanische Grundlinie entscheidend gefährdet.

Die Ost- und Deutschlandpolitik der Bundesrepublik geriet zunehmend unter Druck. Die DDR nicht zur Kenntnis zu nehmen, mit keinem Staat zu kommunizieren, der sich nicht daran hielt, die Nato-Partner an die Bonner Leitlinien der deutschen Frage zu binden, dies alles begann die Bündnispartner zu irritieren und die Bundesrepublik zu isolieren. In der Folge war Brandt der erste westdeutsche Politiker, der die reale Interessenlage akzeptierte. Er begann mit den östlichen Machthabern in direkten Kontakt zu treten. Das nächste Ziel war es, solange die Teilung dauerte, sie für die Menschen erträglicher zu machen. Erste greifbare Konsequenz war das Berliner Passierscheinabkommen.

Langsam tat die Ost-Denkschrift der Evangelischen Kirche ihre Wirkung. Bald nach ihrer Publikation mehrten sich einzelne Politikerstimmen, die dem Versuch entsprangen, eine europäische Annäherung nicht länger mit dem Bonner Verständnis der deutschen Frage zu erschweren. Der CSU-Vorsitzende Franz Josef Strauß sprach sich daher für eine »Europäisierung der deutschen Frage« aus. Als Brandt 1966 Außenminister wurde, entlastete er seine Kollegen bei den üblichen Exklusivtreffen der drei westlichen Siegermächte mit der Bundesregierung jeweils am Vorabend einer Nato-Tagung, indem er die traditionellen Bonner Einsprüche gegen Ost-West-Kontakte nicht mehr äußerte.

Allseits spürte man das Umdenken. Der amerikanische Präsident Johnson forderte 1966 unumwunden eine europäische Verständigung mit dem Moskauer Machtbereich. Im folgenden Jahr beschlossen die Nato-Partner die so genannte Harmel-Doktrin, benannt nach dem damaligen belgischen Außenminister, die in überzeugender Weise die beiden Aufgaben des Bündnisses miteinander verknüpfte: unbezweifelbare Verteidigungskraft des Westens und die unumkehrbar angestrebte Entspannung gegenüber dem Osten. Das alles konnte nur gelingen, wenn Bonn mit seinem Verständnis von der ungelösten deutschen Frage nicht fortwährend stören würde.

Der Kanzler der großen Koalition, Kurt Georg Kiesinger, selbst ein erfahrener Außenpolitiker, war sich dessen wohl bewusst. Im Jahre 1967 erklärte er, dass die beiden Teile Deutschlands nur dann zusammenwachsen könnten, wenn dies in einem Prozess der Überwindung des Ost-West-Konflikts in Europa geschähe. Es gelang Kiesinger jedoch nicht, seine Unionsparteien für einen Verzicht auf ihre herkömmlichen Positionen zu gewinnen, weder durch Preisgabe der Hallstein-Doktrin noch durch Annäherung an Polen.

Umso klarer wurde es 1969, auf welche Wendung der Bonner Politik die Welt in West und Ost ihre Hoffnungen setzte. Das Wahlergebnis vom Herbst 1969 hätte Brandt die Fortsetzung der großen Koalition mit den Unionsparteien erlaubt. Herbert Wehner und Helmut Schmidt warnten ihn nachdrücklich vor einem Bündnis der SPD mit den Liberalen, weil sie die Gefahr für die Stabilität der Regierung wegen der nur äußerst knappen parlamentarischen Mehrheit als zu groß ansahen. Da aber die SPD trotz starker Gewinne nur zweitstärkste Fraktion geworden war, wäre bei einer fortgesetzten Koalition nicht Brandt, sondern Kiesinger der neue alte Kanzler geworden, und dies wäre mit den erprobten ostpolitischen Bremswirkungen der Union verbunden gewesen.

Die Entscheidung für den Weg zur sozialliberalen Koalition trotz der innerparteilichen Widerstände beruhte auf der Priorität der Ostpolitik im Denken Brandts. Im Lichte seiner ständigen, ihn quälenden Erfahrungen mit der retardierenden Union wollte er, koste es, was es wolle, es diesmal mit der ganz dünnen Mehrheit, also mit der ostpolitisch aufgeschlossenen Mehrheit der FDP, versuchen.

Ein großes Verdienst an diesem Entschluss kam dem FDP-Vorsitzenden Walter Scheel zu. Nach seinem erfolgreichen Kampf für ein geschlossenes Votum seiner Partei zugunsten von Gustav Heinemann als Bundespräsident war für ihn der Weg zu jenem politischen Machtwechsel frei, den Heinemann schon angedeutet hatte. Und an der Ostpolitik von Brandt beteiligte sich Scheel mit Mut und Überzeugung.

Was nun folgte, war ein dramatisches Kapitel bundesrepublikanischer Außenpolitik. Vier Wochen nach Brandts Regierungserklärung unterzeichnete die Bundesrepublik den bis dato in Bonn heftig umstrittenen Atomwaffensperrvertrag. Unmittelbar danach wurden Verhandlungen mit Moskau und mit Warschau verabredet und ab Januar 1970 aufgenommen. Der zentrale Akteur, Brandts langjähriger Vertrauter Egon Bahr, leitete sie dort ein, wo der Schlüssel lag: in Moskau. Sein Konzept war strikter Gewaltverzicht, Unverletzlichkeit der Grenzen, ein geregeltes Nebeneinander mit der DDR ohne völkerrechtliche Anerkennung, aber mit beiderseitiger UNO-Mitgliedschaft. Das alles wurde mit den für Bonn entscheidenden beiden Punkten verknüpft: Als Ausnahme vom Prinzip der Unverletzlichkeit der Grenzen bleibt es bei einer einzigen, die wir mit friedlichen Mitteln ändern, das heißt überwinden wollen, die Grenze zur DDR. Zweitens: Es muss ein Vier-Mächte-Abkommen über Berlin geben, um vor neuen Berlin-Krisen gefeit zu sein und Entspannung für die Menschen zu erreichen.

Brandt hatte nach der Devise gehandelt, die »Ergebnisse der Geschichte« anzunehmen und »als zum Westen gehöriges Land« zu verhandeln. Die Anerkennung der durch den Krieg geschaffenen Verhältnisse wurde mit dem Grundgedanken eines friedlichen Wandels verbunden. Im August 1970 wurde der Moskauer Vertrag unterzeichnet. Am 7. Dezember 1970 reiste Brandt nach Warschau. Er unterschrieb mit dem Vertrag die Anerkennung der Oder-Neiße-Grenze. Es war der schmerzhafteste Schritt einer deutschen Bundesregierung. Hier, im Verhältnis zu Polen, zu den alten deutschen Provinzen, zu den Verbrechen im Krieg, zu den unmenschlichen Vertreibungen, ging es um weit mehr als um nüchternen politischen Verstand. Die Gefühle der Völker, die Kraft der humanen Moral, das Herz der Nachbarn standen auf dem Spiel. Am selben Tag kniete der deutsche Bundeskanzler vor dem Mahnmal des Warschauer Ghettos. Er, der es nicht nötig hatte, tat es für alle.

Für die Regierung Brandt war diese Ostpolitik innenpolitisch zunächst eine halsbrecherische Gratwanderung. Im Bundestag herrschte ein Patt zwischen Koalition und Opposition. Die Auseinandersetzungen im Parlament gingen tiefer als bei irgendeiner späteren Debatte. Es kam nicht nur zum ernsthaftesten Austausch der Argumente, sondern auch zu schweren persönlichen Attacken unter Bundestagskollegen, auch innerhalb der eigenen Fraktionen. Ich verspürte es selbst nachhaltig, weil ich für den jetzt eingeschlagenen ostpolitischen Entspannungskurs schon lange vor meiner 1969 erfolgten Wahl in den Bundestag eingetreten war.

Die Verträge konnten nur in Kraft treten, wenn die Opposition nicht mit allen ihren Mitgliedern dagegen stimmte. Dies auf jeden Fall zu verhindern, war das Ziel der ganz wenigen Unionsabgeordneten, die, wie ich, die Verträge unterstützten. Um die große Fraktion nicht buchstäblich zu zerreißen, kam es schließlich zu einer Enthaltung. Das war wenig eindrucksvoll, aber es ebnete den Weg für die Ostverträge. Am 17. Mai 1972 wurden sie ratifiziert. Im Juni traten das Vier-Mächte-Abkommen über Berlin, das Transitabkommen und die Vereinbarungen zwischen dem Senat von Berlin (West) und der

Regierung der DDR in Kraft. Nachdem die Koalition Brandt/Scheel im Herbst desselben Jahres einen bedeutenden Wahlsieg errungen hatte, folgte im Dezember 1972 die Unterzeichnung des Grundlagenvertrags zwischen den beiden deutschen Staaten.

Das Ganze war eine gigantische Unternehmung. Die Bundesrepublik hatte sich nicht nur aus der Gefahr einer Isolierung im eigenen Bündnis befreit. Sie hatte darüber hinaus die Initiative in der Ostpolitik des westlichen Lagers errungen. Nun führte sie die entscheidenden Verhandlungen zur Vorbereitung der Konferenz für Sicherheit und Zusammenarbeit in Europa. Diese fand 1975 in Helsinki statt. Sie wurde zum Kernstück der Entspannungspolitik. Im dritten der drei »Körbe« der Schlussakte von Helsinki bekannten sich die Unterzeichnerstaaten zu den Freiheitsrechten ihrer Bürger. Daraus erwuchs allmählich das Aufweichen des sowjetischen Systems, bis schließlich die europäische Ost-West-Entspannung entstand, die die Voraussetzung für die Lösung der deutschen Frage wurde.

Das war es, was dem Jahr 1969 zur Halbzeit in der Geschichte des westdeutschen Staates den Charakter einer historischen Zäsur gab. Die Regierung Brandt/Scheel traf Entscheidungen, die unter ihren Vorgängern nicht möglich gewesen waren. Sie hat damit der ganzen nachfolgenden Geschichte bis zur Wiedervereinigung Deutschlands ihre unauslöschliche Prägung gegeben. Es war die zweite Hälfte der westdeutschen Außenpolitik, deren erste, nicht minder entscheidende Hälfte der Ära Adenauer zu danken war. Neubeginn und Kontinuität verbanden sich zu einem vernünftigen Ganzen.

# IV
# Neunzehnhundert-neunundachtzig

In seiner historischen Bedeutung ragt 1989 schon jetzt an das Jahr 1789 heran. Zwei Jahrhunderte nach der Französischen Revolution, nach einer prekären Machtbalance und dem unheilvoll wachsenden Nationalismus im 19. Jahrhundert, nach zwei verheerenden Weltkriegen, nach dem grauenhaften Irrweg des »Dritten Reichs« mit dem Verbrechen des Holocaust, nach dem supermächtigen »Frieden« von Jalta auf dem Rücken unseres Kontinents, nach über vierzigjährigem Kaltem Krieg erlebten wir das Jahr 1989 als die eigentliche Stunde Null.

Sie hatte – ähnlich dem Jahr 1789 mit seinem Sturm auf die Bastille am Quatorze Juillet – ihr konkretes Ereignis und Datum: die Öffnung der Berliner Mauer am Abend des 9. November 1989. Die ganze Welt hielt den Atem an. Sie teilte unsere Freude. Weit über unsere Hauptstadt und unser Land hinaus wurde der Fall der Mauer zum symbolischen Schlüsselbegriff für ein neu beginnendes Zeitalter.

»When the wall came down«, so kennzeichneten führende Persönlichkeiten rund um den Globus den Startschuss für ihre Zuversicht auf eine entscheidende Wende, um Mauern und Gräben aller Art zu überwinden. Auf einer ostasiatischen Konferenz erlebte ich den japanischen Regierungschef zusammen mit Südkoreas Präsidenten, meinem alten Freund Kim Dae-Jung, wie sie die ganze Friedenshoffnung für ihre Region mit unserer Berliner Wende begründeten. Ähnlich äußerte sich der indische Ministerpräsident Rajiv Gandhi. Der nigerianische Dichter Wole Soyinka, erster Literaturnobelpreisträger aus Schwarzafrika, sah im Fall der Mauer den positiven Wendepunkt beim Kampf um Freiheit und Menschenrecht in der Mitte Afrikas. Er sagte es uns auf einem Weltforum in Prag, wo der Dalai Lama mit ihm auf einem Podium diskutierte und auch seinerseits die Berliner Entwicklung als prägende Ermutigung für Mittelasien bezeichnete. Und Václav Havel, unser Gastgeber, der jahrzehntelang sein Leben gegen die Unterdrückung eingesetzt hatte, erklärte den Fall der Mauer als den zündenden Appell, um in der errungenen Freiheit nun auch wirklich mit aller Kraft verantwortlich zu bestehen.

*Der 9. November*

Ähnlich dem 14. Juli 1789 in Paris war der 9. November 1989 in Berlin nicht wie ein Blitz vom Himmel eingeschlagen. Schwere Spannungen und Krisen waren ihm vorausgegangen. An immer deutlicheren Vorzeichen hatte es nicht gefehlt. Dennoch verlief jener Donnerstagabend alles andere als planmäßig.

Seit dem Jahr 1985, als der Reformer Gorbatschow an die Spitze der Sowjetunion trat, waren die konkreten Chancen für die Freiheitsrechte gewachsen, die schon in der Schlussakte von Helsinki zehn Jahre zuvor vereinbart worden waren. Mit der Aufkündigung der Breschnew-Doktrin durch Gorbatschow war die Moskauer Gewaltandrohung im Falle von eigenständigen Systemveränderungen in Mitgliedsländern des Warschauer Pakts zurückgenommen worden. Tadeusz Mazowiecki wurde im Sommer 1989 der erste frei gewählte Regierungschef Polens. Ungarn ging voran und öffnete im Frühherbst 1989 seine Grenzen zu Österreich.

Ungezählte DDR-Bürger hatten auf dem Weg über westdeutsche Botschaften im Ostblock ihre Ausreise in die Bundesrepublik erzwungen. Bürgerrechtsgruppen und später auch neue Parteien entstanden in der DDR und wurden immer aktiver. Mit großem persönlichem Mut schufen Teilnehmer an den Friedensgebeten in Kirchen und an gewaltig anwachsenden Montagsdemonstrationen in Leipzig und anderen Städten eine vorrevolutionäre Lage. Zum vierzigsten Geburtstag der DDR kam Gorbatschow, und zum Abschluss seines Besuchs fielen die berühmten, bald geflügelten Worte: »Wer zu spät kommt, den bestraft das Leben.« Zweimal hat mir Gorbatschow später erklärt, er habe damit gar nicht primär Honecker oder andere SED-Führer gemeint, sondern sich selbst. Es seien die Geschichte und das Leben, die die Dinge entscheiden. Wer darauf nicht achte und reagiere, sondern sich selbst zum Herrn der Entwicklung machen wolle, werde dafür bestraft.

Eine allgemeine Auflösung griff um sich. Honecker wurde Mitte Oktober durch Krenz ersetzt. In den ersten Novembertagen öffneten sich die Grenzen der DDR zur ČSSR und von dort zur Bundesrepublik. Bereits auf diesem Weg konnte jeder in den Westen gelangen. Am 7. November trat in Ostberlin die Regierung Stoph zurück. Noch immer wurde an der Berliner Mauer das herkömmliche Grenzregime praktiziert, so als ob alles beim Alten wäre. In Wahrheit waren der Führung die Zügel entglitten. In einem chaotischen Durcheinander gelangten unklar umgesetzte SED-Beschlüsse über die elektronischen Westmedien in die Öffentlichkeit mit der Folge, dass am Abend des 9. November Hunderte und in der Nacht Tausende von Ostberlinern durch die Übergänge in den Westteil der Stadt strömten.

Niemand hatte damit gerechnet, niemand sich darauf vorbereitet, auch im Westen nicht. In den Schubladen der Bonner Regierung gab es dafür keine griffbereiten Vorkehrungen, keine Verkehrsregelungen, keine möglichen Grenzregelungen. Kanzler Kohl war auf Auslandsreise in Warschau. So ziemlich für uns alle in Bonn bleibt es unbegreiflich: Nichts hatten wir sehnlicher erstrebt als die Beseitigung dieses unmenschlichen Bauwerks mitten in Berlin. Der Zerfall der Autorität in der DDR war seit Monaten mit Händen zu greifen. Wir hatten die immer kühneren Vorstöße der Bürgerrechtler täglich erlebt. Und doch blieben wir allzu fest in den Denkstrukturen des Kalten Krieges verklammert: Wir waren davon überzeugt, dass die Mauer auf keinen Fall von Bestand in der Geschichte sein würde, aber gleichermaßen davon, dass nicht wir ihr Ende erleben würden.

Von einem Tag zum anderen war alles verändert. »Heute Nacht war das deutsche Volk das glücklichste Volk der Welt«, rief der Regierende Bürgermeister Momper am 10. November auf der zentralen Kundgebung vor dem Schöneberger Rathaus aus, und Willy Brandt brachte die unbeschreiblichen menschlichen Empfindungen auf den entscheidenden politisch-historischen Punkt: »Jetzt wächst zusammen, was zusammengehört: Das gilt für Europa im Ganzen.«

Bis zum Fall der Mauer hatte das Volk der Politik den Weg gewiesen. Auch danach blieben die Stimmungen der Bürger für lange Zeit maßgeblich. Die Monate, die auf die Öffnung der Mauer folgten, wurden zu einer Blütezeit echter direkter Demokratie, wie wir sie zuvor kaum je auf deutschem Boden erlebt hatten. In der DDR wurden die Runden Tische zu Entscheidungszentren. Wo immer neu gewählte Gemeinderäte oder Parlamente zusammentraten, wurde um die Lösung der Probleme gerungen, nicht um Macht und Mehrheiten gestritten. Bei den Debatten konnte man die Fraktionsgrenzen kaum erkennen.

Zuvor aber gab die Bevölkerung selbst und ganz direkt ihren Gefühlen mit Plakaten und Parolen unmissverständlichen Ausdruck. Dies hatte seinen entscheidenden, wahrhaft plebiszitären Einfluss sogar auch unmittelbar auf die Linie der Bonner Politik. Kohl hatte Ende November mit einem Zehn-Punkte-Programm im Bundestag die Initiative für den gemeinsamen deutschen Weg in die Zukunft ergriffen und dabei in maßvoller Weise die Signale berücksichtigt, die aus der DDR kamen und noch immer lauteten: »Wir sind das Volk«, begleitet von manchen Plakaten »Wir lassen uns nicht BRDigen«, »Wir bleiben hier«. Letzteres war gegen die vielen mobilen Jugendlichen gerichtet, die sich rasch und oft unter Zurücklassung von Angehörigen in den Westen abgesetzt hatten, war aber ebenso eine Drohung an die SED-Führung. Doch bald darauf hieß es immer lauter: »Wir sind *ein* Volk« und »Deutschland einig Vaterland«. Nicht alle, zumal durchaus nicht alle Bürgerrechtler, zog es zur Einheit. Aber die Mehrheit drängte immer stärker auf Vereinigung. Demgemäß wurden auch in Bonn die Weichen gestellt.

*Der außenpolitische Erfolg*

Nun ging es um die angemessenen außenpolitischen Signale. Rings um unser Land waren die Gefühle höchst ambivalent. Einerseits hatten alle unsere Nachbarn und praktisch die ganze Welt ohne inneren Vorbehalt an diesem Ereignis auf deutschem Boden so freudig Anteil genommen, wie ich es zuvor noch nie erlebt hatte. Auf der anderen Seite aber waren sie voller Skepsis gegenüber einem größeren deutschen Staat in der Mitte des Kontinents. Erinnerungen an einen altbekannten Nationalismus und an mitteleuropäische politische Sonderwege der Deutschen wurden wach. Welche Folgen würde ein vereinigtes Deutschland für den Warschauer Pakt, für die Nato und die Europäische Gemeinschaft haben? Würden die vier Siegermächte bereit sein, auf ihre Souveränitätsrechte über Deutschland zu verzichten?

Mit seinem Zehn-Punkte-Programm vom 28. November hatte Kohl im Ausland keineswegs nur Zustimmung gefunden. Er hatte auch niemanden vorher konsultiert. Für die Sowjetunion unter Gorbatschow, dessen kühner Reformprozess zu ersten Auflösungserscheinungen im eigenen Bereich geführt hatte, war der galoppierende Machtverlust der SED schon hart genug. Sollte nun die DDR, dieser Eckpfeiler des Warschauer-Pakt-Systems, einfach in den Westen abwandern? Und das zum Nulltarif?

Für Frankreich würde ein vereinigtes Deutschland den Verlust der Vorrangstellung bedeuten, die es als eine der Siegermächte gegenüber den Deutschen noch besaß. Und für die eigene Stellung innerhalb der Europäischen Gemeinschaft befürchtete man in Paris ein Übergewicht der Deutschen im Falle ihrer Vereinigung mit ihrer Bevölkerungszahl und Wirtschaftskraft. Solche alten Sorgen unserer westlichen Nachbarn saßen und sitzen tief, wie man noch bei der Gipfelkonferenz von Nizza im Dezember 2000 beobachten konnte, als der französische Präsident um das Stimmengleichgewicht der Franzosen mit den Deutschen im Europäischen Rat rang.

Bei Premierministerin Margaret Thatcher in London überwog die Abneigung gegen eine Vereinigung Deutschlands am deutlichsten. Lebensgeschichtlich hatte sie ihr negatives Bild über uns seit dem Zweiten Weltkrieg kaum weiterentwickelt. Im Falle eines erstarkenden Deutschland erwartete sie die Rückkehr der Deutschen zu einer selbständigen mitteleuropäischen Maklerrolle zwischen Ost und West – ein Gräuel für sie und ein weiterer Grund für ihre Abneigung gegenüber dem ganzen europäischen Integrationsgedanken. Sie unternahm ebenso eindringliche wie fruchtlose Versuche, Verbündete zur Verhinderung einer deutschen Einheit zu gewinnen.

Eindeutige Zustimmung fand die Bonner Politik dagegen bei den Amerikanern. Zwar hatte Außenminister James Baker innerhalb von 24 Stunden nach Kohls Zehn-Punkte-Rede zwei Bedingungen für die Vereinigung aufgestellt: Deutschlands Einheit sei nur innerhalb der Nato denkbar. Und Kohl müsse die Anerkennung der polnischen Westgrenze nachholen, die er in seiner Ansprache vorsätzlich übergangen hatte. Im Ganzen wirkte sich aber die amerikanische Unterstützung in positiver Weise entscheidend aus. Genscher und Baker schufen gemeinsam die Zwei-plus-Vier-Formel für eine Vereinigungskonferenz: Die vier Mächte und die beiden deutschen Staaten sollten verhandeln. Es durfte kein Siegerdiktat werden. Ein eigener deutscher Neubeginn war das Ziel.

In Moskau wurde die Lage immer labiler. Gorbatschow hatte mit seinen Reformen den schleichenden Zerfall des sowjetischen Systems aufhalten wollen und bewirkte dennoch eine sich beschleunigende Auflösung. Wie lange war er noch ein bevollmächtigter Verhandlungspartner? Gleichzeitig wurden die Deutschen in der DDR mit ihren Forderungen nach Einheit immer ungeduldiger. Mit sicherem Instinkt ermaß in dieser Lage Kohl, von Genscher und Brandt unterstützt, das Gebot und die Gunst dieser Stunde, die keiner von ihnen, keiner von uns, ein Jahr zuvor vorausgeahnt hatte. Keine Zeit wurde verloren. Und so gelang es, im Übergang von der Behutsamkeit zum entschlossenen Vorwärtsdrang den außenpolitischen Weg zur Vereinigung meisterhaft zu bewältigen.

Den höchsten Preis hatte Gorbatschow zu zahlen, der große Mann, der mehr als jeder andere seit 1985 zur entscheidenden Wende im Kalten Krieg und damit, wenn auch auf andere als von ihm geplante Weise, zur Überwindung des Zaunes quer durch Europa beigetragen hatte.

Die historisch begreiflichen Befürchtungen vor einem Rückfall der alten Mittelmacht in eine ominöse nationale deutsche Schaukelpolitik erwiesen sich rasch als gänzlich unbegründet. Von nationaler Euphorie war unter den Deutschen keine Rede, im Westen so wenig wie im Osten. Einmütigkeit bestand unter den politischen Parteien darin, dass das zentrale Signal des 9. November 1989 dem ganzen Europa galt, nicht Berlin und Deutschland allein. Dieser Erkenntnis galt die Orientierung der deutschen Politik.

Die kraftvoll wahrgenommene Chance zur nationalen Einheit war für Kohl ein durchaus unverhofftes Glück. Nur ein Tor wird es ihm neiden. Die Chance für entscheidende Schritte zur Einigung unseres Erdteils dagegen traf mit ihm genau und wie nach Plan den Richtigen, den überzeugten und unermüdlichen Europäer. Hier lag das Herzstück seiner Leistungen als Kanzler.

Die notwendigen Entscheidungen fielen Kohl keineswegs leicht. Es galt, unseren wichtigsten neuen freien Nachbarn, den Polen, endgültig jede Sorge um die Oder-Neiße-Grenze zu nehmen. Hier hatte Kohl mit Rücksicht auf viele heimatvertriebene Anhänger seiner Partei lange gezögert, allzu lange nach der Meinung nicht nur unserer Nachbarn.

Der französische Präsident hatte einen Ausgleich für den quantitativen Machtzuwachs der Deutschen dringend nötig. Er suchte und fand ihn in einer französischen

Teilhabe an der starken D-Mark. Und so kam es später auf der Konferenz von Maastricht zur Einigung auf die Europäische Währungsunion. Kohl stimmte dem Euro zu, obwohl wir Deutschen um unser eigenes Konferenzziel von 1992, nämlich um die in Maastricht verfehlte politische Union, weiterhin kämpfen müssen.

Oft wird darüber gestritten, ob der Euro der Preis für das französische Einverständnis mit der deutschen Einheit gewesen sei. Doch dieser Streit ist müßig. Eine formelle Verabredung darüber gab es natürlich nicht. Andererseits war es überdeutlich, dass Mitterrand für die veränderte Gewichtslage einer Kompensation bedurfte. Eben dies war der Euro. Ebenso gewiss ist es, dass die Europäische Währungsunion der eigenen Überzeugung Kohls entsprach. Er sah in der Zustimmung zum Euro den wichtigsten, dringend benötigten, durch nichts anderes ersetzbaren nächsten Schritt zu einer späteren politischen Union in Europa. Deshalb nahm er in den kommenden Jahren die damit verbundenen innenpolitischen Kämpfe um die Liebe der Deutschen zu ihrer altbewährten Deutschen Mark entschlossen auf sich.

*Der 3. Oktober 1990*

Am Abend des 2. Oktober 1990 nahmen wir im alten Schauspielhaus am Gendarmenmarkt in der Mitte Berlins, dem heutigen Konzerthaus, Abschied von der DDR und der Teilung. Am 3. Oktober 1990 um Mitternacht waren wir vor dem Reichstag versammelt. In Anlehnung an die Worte des Bonner Grundgesetzes sagte ich vor Hunderttausenden von Menschen: »Die Einheit Deutschlands ist vollendet. Wir sind uns unserer Verantwortung vor Gott und den Menschen bewusst. Wir wollen in einem vereinten Europa dem Frieden der Welt dienen.« Stunden später folgte der Staatsakt in der Berliner Philharmonie. In meiner Ansprache lag der erste Akzent wiederum auf Europa: »Zum ersten Mal bilden wir Deutschen keinen Streitpunkt in der europäischen Tagesordnung. Unsere Einheit wurde niemandem aufgezwungen, sondern friedlich vereinbart. Sie ist Teil eines gesamteuropäischen geschichtlichen Prozesses, der die Freiheit der Völker und eine neue Friedensordnung unseres Kontinents zum Ziel hat.«

Sechs Wochen darauf traten die Mitglieder der Konferenz für Sicherheit und Zusammenarbeit in Europa, der KSZE, in Paris zusammen. Das ist jene Institution, die mit ihrer Schlussakte von Helsinki fünfzehn Jahre zuvor den Weg der Selbstbestimmung in Europa eingeleitet hatte. Diesmal verabschiedete sie die »Charta von Paris«. Im Bewusstsein, dass »Europa am Beginn eines neuen Zeitalters« steht, verwandelte sie ihren Namen von einer bloßen »Konferenz« in eine veritable »Organisation«. Nun hieß sie OSZE.

Die vielen Sorgen vor einem wiederholten nationalen Sonderweg der Deutschen waren überall verflogen. Das neue Zeitalter, das für uns mit der wiedergewonnenen staatlichen Einheit begonnen hatte, vereinigte uns quer durch die politischen Richtungen hindurch erst recht im Willen, mit der gebündelten Kraft unseres Landes Europa voranzubringen.

So wurde die Stunde Null als Ende und Anfang empfunden: Mit dem Fall der Mauer war der Kalte Krieg schließlich zu Ende gegangen. Das Gebot des neuen historischen Augenblicks lautete: Aus dem halben Europa ein ganzes werden zu lassen.

*Die ersten Schritte zur inneren Einheit*

Dafür mussten nun die Voraussetzungen zu Hause geschaffen werden. Deutschland kann dem europäischen Vereinigungsprozess nur voranhelfen, wenn es die Vereinigung des eigenen Landes erfolgreich bewältigt. Es war vom ersten Tage an eine gigantische Aufgabe. Niemand war vorbereitet, historische Erfahrungen fehlten. Nach zehn Jahren sind umwälzende Fortschritte erreicht. Aber wir sind noch lange nicht am Ziel.

Von vornherein gab es zwischen Ost und West keine Gleichheit im Ausmaß der Anstrengungen und Veränderungen: kaum auf die Probe gestellte, nahezu unberührte Kontinuität im Westen gegenüber einem radikalen Neubeginn auf fast allen Gebieten im Osten.

Vier Fünftel der vereinigten Deutschen leben in den westlichen Bundesländern. Fast alle teilten die Freude über die wiedergewonnene Einheit. Ihr Leben ging aber weiter wie bisher. Warum auch nicht, zumal ihnen von der politischen Führung persönlich keinerlei Beitrag für die Wiedervereinigung abverlangt wurde. Das war ein schwerwiegender Fehler, nicht nur materiell, sondern vor allem für die menschliche Verständigung. Mit den Folgen sind wir bis heute nicht fertig geworden.

Noch im November 1989 hatte Helmut Schmidt nach

einem »Blut-, Schweiß- und Tränenappell« der Regierung verlangt. Auch wenn es gewiss nicht um Tränen ging, war der Aufruf zu einer allgemeinen Beteiligung der Westdeutschen an der großen Aufgabe nur allzu berechtigt. »Wer sich vereinigen will, muss teilen lernen«, so lauteten die gemeinsamen Aufforderungen von Lothar de Maizière, dem ersten, später frei gewählten Ministerpräsidenten der DDR, und mir im November 1989. Öffentlich schlug ich einen Lastenausgleich zugunsten des Ostens durch den Westen vor. Wie damals bei der Aufnahme der vielen Millionen Heimatvertriebenen, so sollten wir auch jetzt gemeinsam und persönlich spürbar, dagegen nicht nur staatlich anonym unsere Solidarität durch materielle Leistungen an die Landsleute im Osten dokumentieren, die das Schicksal nicht so begünstigt hatte wie uns. Der dafür notwendige Gemeinsinn war da, aber er wurde nicht abgerufen. Die Bundesregierung und ihre Parlamentsmehrheit reagierten nicht. Der Grund dafür war nur allzu durchsichtig. Er war engstirnig und historisch wenig ruhmvoll. Kohl und seine Koalition konzentrierten sich auf die Bundestagswahl im Dezember 1990. Dem Gros ihrer Wähler, also dem Westen, versprachen sie, dass für sie keine Lasten mit der Vereinigung verbunden seien. Das sollte sich in Stimmen auszahlen.

Stattdessen kommt es nun alljährlich zu gewaltigen Transferleistungen aus staatlichen Kassen, da der höchst bescheidene Solidaritätszuschlag auch nicht entfernt zum Ausgleich der Lasten genügt. Die anfängliche große Opferbereitschaft in der westdeutschen Bevölkerung ist längst verraucht und mit ihr eine Chance zum stärkeren persönlichen Interesse der Westbürger an den Fortschritten und Problemen im Osten.

Zweifellos und verständlicherweise hatte Kohl 1990 bei den ostdeutschen Wählern rasch die besten Chancen. Es war Kohl, der ganz im Gegensatz zu seinem Herausforderer Lafontaine vorbehaltlos für die Vereinigung gekämpft hatte und der über die öffentlichen Kassen verfügte, um die Folgen zu bezahlen. Auch war es menschlich normal, dass zahlreiche Ostbürger nicht nur aus emotionalen, nationalen, freiheitsliebenden Gründen gesagt hatten: »Wir sind *ein* Volk«, sondern auch aus dem legitimen Wunsch nach Anteil an der harten Währung. Schon im Dezember 1989 war Kohl bei einem Besuch in Dresden mit einem riesigen Plakat empfangen worden: »Helmut, nimm uns an die Hand, führ uns in das Wirtschaftswunderland«. Warum auch nicht? Sollten wir aus dem Westen es ihnen als »D-Mark-Nationalismus« vorwerfen, wie gelegentlich geschehen, wo wir es ihnen doch selbst jahrelang vorgemacht hatten?

Zehn Jahre nach der Wende gibt es eine lange Reihe ermutigender Entwicklungen und Signale. Die Infrastruktur ist von Grund auf erneuert. Häuser und Straßenzüge in Dörfern und Städten sind oft nicht wiederzuerkennen. Hervorragende Fachkräfte wachsen auf allen Gebieten heran. Die Renten im Osten sind gestiegen und sicher. Nachdem anfänglich weit mehr Menschen von Ost nach West gewandert und dort geblieben sind, zeigen mittlerweile die Umzüge in beide Richtungen ein ausgewogeneres Verhältnis. Je näher der Zeitpunkt heranrückt, dass Deutschlands östliche Nachbarn sich mit uns in Europa vereinigen werden, desto bedeutungsvoller wird die Brückenfunktion unserer östlichen Bundesländer. Dennoch darf es niemanden überraschen, dass die inneren Folgen der vierzigjährigen Teilung noch bei weitem nicht überwunden sind.

Bis heute nicht wirklich vergessen ist, auf welchem verfassungsrechtlichen Wege die Vereinigung vollzogen wurde. Wir hatten die Wahl zwischen dem »Beitritt« der DDR zum Geltungsbereich des Bonner Grundgesetzes nach Artikel 23 und dem Verfassungsartikel 146, der eine Ablösung des Grundgesetzes durch eine plebiszitär beschlossene Verfassung vorsah. Zweifellos war der Beitrittsweg der einfachere und raschere. Auch sprach sich die Mehrheit in der frei gewählten Volkskammer dafür aus. Es gab Stimmen vor allem aus dem Bonner Regierungslager, die im Falle einer Volksabstimmung über die Verfassung Sorgen wegen des Ergebnisses hatten. Denn es hatte mancherlei im Westen nicht allseits willkommene östliche Vorschläge zur Ergänzung der Verfassung gegeben, insbesondere zur Erweiterung der Staatsziele und Grundrechte. Dennoch gab es letzten Endes keinen ernsthaften Streit darüber, dass sich das Grundgesetz bisher bewährt hatte und nun auch für das vereinigte Deutschland gut sein werde. So wurde der Beitritt nach Artikel 23 vollzogen. Eine Kommission sollte Vorschläge zur Verfassungsreform erarbeiten. Ihr Ergebnis war gemäß den Wünschen der Regierungskoalition minimal. Eine Volksabstimmung blieb aus.

Auf diesem Wege hat die Verfassung widersinnigerweise den Vorbehalt eines Provisoriums dadurch behalten, dass es im Artikel 146 nun heißt: dieses Grundgesetz werde an dem Tag seine Gültigkeit verlieren, »an dem eine Verfassung in Kraft tritt, die von dem deutschen Volke in freier Entscheidung beschlossen worden ist«. Verfassungspolitisch ist dies mittlerweile ohne jede Bedeutung. Aus welchem Grund sollte denn jetzt darüber noch eine Volksabstimmung anberaumt werden? Im Osten ist aber noch immer das Gefühl verbreitet, man sei dem Westen eben nur »beigetreten«, man habe nach wie vor die schlechteren Lebenschancen, die allermeisten leitenden Funktionen lägen bei Leuten aus der alten Bundesrepublik. Und dann meldet sich die Erinnerung an die verhinderte Volksabstimmung über die Verfassung. Nicht um etwas zu ändern oder gar abzulehnen, sondern um doch wenigstens einmal selbst und persönlich zu diesem Kern der Einheit gefragt zu werden, das hätte Entscheidendes bedeutet. Aus unbegründeten Bonner Sorgen und spröden Machtinteressen ist es unterblieben. Das war ein böses, bis heute im Osten nachwirkendes Versäumnis.

Für die Ostdeutschen bedeutet die Vereinigung eine große tägliche Anstrengung. Alles ist anders: Wertekatalog, Verfassung und Rechtsstaatlichkeit, die Gesetze und Verordnungen, Kinderbetreuung, Schulen, Berufsausbildung, Berufswahl, Arbeitsleben, Sozialversicherung. Selten wird einer Bevölkerung nach einer vierzigjährigen straffen politischen, ideologischen, rechtlichen, sozialen und wirtschaftlichen Einbindung die Kraft zu einem so großen Sprung in ein gänzlich anderes, weithin selbstbestimmtes gesellschaftliches System abverlangt.

Eine besonders gravierende Entwicklung kommt hinzu: die nachhaltige Verdrängung der Osteliten und ihr Ersatz aus dem Westen. Dafür gibt es aus der jüngeren deutschen Geschichte und aus den Transformationsprozessen in den anderen ehemaligen Ostblockgesellschaften praktisch keine Parallele.

Mit Eliten sind hier nicht primär die obersten politischen Führungskader gemeint, die alsbald abtreten mussten. Vielmehr geht es um die Exponenten in der Gesellschaft, in den großen und kleineren Städten, in den Verbänden und Hochschulen, bei den Schulleitern, leitenden Ärzten, Verlegern, Chefredakteuren, den Chefs schlechthin.

Praktisch in allen ehemaligen Ostblockländern blieben die Eliten überwiegend auf ihren Plätzen. Auch in Deutschland haben wir beim Übergang vom Kaiserreich zur Weimarer Republik, danach zum »Dritten Reich« und schließlich zur alten Bundesrepublik ein hohes Maß an Kontinuität in den Positionen und Einflüssen der Eliten in der Gesellschaft zu konstatieren gehabt.

Anders nach der Wende in der ehemaligen DDR. Schon lange Jahre zuvor hatten sich zahlreiche DDR-Bürger aus den gesellschaftlich maßgeblichen Schichten auf den Weg in den chancenreichen freien Westen gemacht und damit Engpässe verursacht, zum Beispiel im Bereich der medizinischen Versorgung, des Ingenieurwesens und der Kultur. Von 1990 an kam es dann in großem Umfang zu einer Übernahme der meisten Leitungsaufgaben durch Westbürger.

Dieser Prozess war zum einen Teil fachlich erforderlich, zum anderen politisch gewollt, organisiert und durchgesetzt. Für die Rechtsprechung galten die westlichen Gesetze; demgemäß waren durchgängig Richter aus dem Westen vonnöten. Wer sich durch Studium auf einen Beruf in der Wirtschaft vorbereiten wollte, besuchte Vorlesungen über den Markt, nicht wie bisher über die Zentralverwaltungswirtschaft. Demgemäß wechselten zahllose Lehrstuhlinhaber an den ostdeutschen Universitäten. Weitere Beispiele ließen sich anführen.

Doch neben unmittelbar einleuchtenden Fällen dieser Art gab es eine breite Welle von Ausschlüssen ostdeutscher Eliten wegen ihrer politischen Vergangenheit, insbesondere aufgrund von Enthüllungen durch die Gauck-Behörde. Hinzu kam ein penibles System von Evaluierungen und Abwicklungen, bei deren Entscheidungen ein breites Spektrum von eindeutig feststellbaren Qualifikationsmängeln über zweifelhafte Fälle bis hin zu Macht- und Wettbewerbsmotiven zur Geltung kam. Dadurch wurden zahlreiche Biographien auf wenig gerechte Weise geknickt.

Auch war der pauschale Ausschluss ganzer Berufszweige eine allzu einfache, menschlich vielfach unbegründete und sachlich wenig einleuchtende Maßnahme. Als Beispiel sei hier genannt, dass kein einziger Mitarbeiter des großen ehemaligen DDR-Außenministeriums übernommen wurde. Man hätte ja nicht bei den in der SED hoch rangierenden Staatssekretären und Botschaftern anfangen müssen. Aber es gab in zahlreichen, nicht primär parteiideologisch gebundenen unteren Chargen manche außenpolitisch kundige Mitarbeiter, denen gegenüber eine offenere Handhabung vertretbar und vernünftig gewesen wäre. Ein gutes Beispiel dafür hat die Bundeswehr gegeben.

Ohne Zweifel haben sich viele Gutachter auf das Redlichste und auch Anstrengendste um sachlich gerechtfertigte faire Urteile bemüht. Das Gesamtergebnis kommt dennoch einem Elitenwechsel so nahe wie in keinem anderen von der europäischen Wende betroffenen Land. Und das bezieht sich auf die Wirtschaft und die Wissenschaft, die Justiz und die Verwaltung, auf das Gesundheitswesen und die Kultur.

Gewiss wird niemand dabei übersehen dürfen, dass es für die ehemalige DDR im Vergleich zu den anderen Ostblockländern nicht nur diesen als Nachteil empfundenen Elitenwechsel gab, sondern auch den einmaligen Vorteil des reichen westdeutschen Partners, der gewaltige Summen zum sozialen und infrastrukturellen Aufbau und Ausgleich beiträgt. Aber die zahlreichen, aus dem Westen besetzten Chefsessel geben bis heute vielen Bürgern in den östlichen Bundesländern ein Gefühl von Zweitklassigkeit.

*Markt und Gerechtigkeit*

In sorgfältigen demoskopischen Untersuchungen werden die Entwicklungen Jahr für Jahr analysiert. Das Institut von Allensbach stellt Verständigungsprobleme fest, die nach wie vor nicht überwunden sind. Zu viele Menschen empfinden sich als Bürger zurückgesetzt und fühlen bei zahllosen Westbürgern eine auf sie arrogant wirkende Überlegenheitshaltung heraus.

Die allermeisten Deutschen, die in der DDR herangewachsen sind, haben sich längst mit Überzeugung der Demokratie zugewandt und damit auch den Werten der

Freiheit und Rechtsstaatlichkeit. Dennoch fällt es vielen von ihnen schwer, sich am Markt zu orientieren. Anders als früher, wo sie das Gefühl hatten, dass sie alle auf niedrigem Niveau gleich waren, sehen sie heute dank der Freiheit ständig steigende Unterschiede. Es sollen ja auch nicht alle gleich bleiben, aber gerecht soll es zugehen. Man hat große Mühe, eine ausreichende Wirkung von Gerechtigkeit in der Marktwirtschaft zu erkennen.

Schon in der ersten Wendezeit waren gravierende wirtschafts- und sozialpolitische Entscheidungen getroffen worden, für die es damals politisch kaum durchsetzbare Alternativen gab, die aber große Nachteile ausgelöst haben. Zunächst war es darum gegangen, den Strom der Übersiedler von Ost nach West einzudämmen. So war es zum ökonomisch kaum vertretbaren, aber politisch unumgänglichen Umtauschverhältnis bei der Währungsunion gekommen. Später folgten die Regelungen für Löhne und Gehälter. Tarifvertragsparteien hatte es zunächst im Osten nicht gegeben. So waren es die westlich geführten Gewerkschaften und Arbeitgeber, die eine viel zu rasche Lohnangleichung durchsetzten, welche wiederum menschlich verständlich, aufgrund der Markt- und Wettbewerbsverhältnisse aber wirtschaftlich verheerend war. Leider kamen später auch ungute Wettbewerbsmotive zum Vorschein, nämlich ein Schutz westdeutscher Standorte. Und ein großer Anteil des staatlichen Mitteltransfers von West nach Ost, im Westen durch öffentliche Verschuldung finanziert, ging nicht, wie von der Verfassung verlangt und für das stetige wirtschaftliche Wachstum erwünscht, in Investitionen, sondern in den Konsum.

Auch noch unter den heutigen Bedingungen haben es die Bewohner der östlichen Bundesländer objektiv schwer mit vielen veralteten Anlagen, mit verseuchten Böden, mit weggebrochenen Ostblockkunden und mit zahlreichen, im Wettbewerb überlegenen westlichen Großketten und Supermärkten. Immer noch hören sie aus Weststimmen heraus: »Wir im Westen haben unseren Wohlstand auch erst in vierzigjähriger harter Arbeit geschaffen. Jetzt ist es an euch, entsprechend hart und geduldig eure materielle Basis Schritt für Schritt aufzubauen.« Die Ostdeutschen empfinden es aber weder ökonomisch vertretbar noch menschlich fair, wenn ihre heutige Lage mit den ersten Nachkriegsjahren im Westen verglichen wird. Damals bestand eine gewaltige Nachfrage nach Gütern aller Art, aber bei geschlossenen Grenzen blieb der Wettbewerb auf das eigene Land beschränkt. Die Einrichtung neuer Arbeitsplätze war relativ einfach und billig. Heute sind die Märkte weit stärker gesättigt, die Grenzen offen, der Wettbewerb unvergleichlich härter. Und ein neuer Arbeitsplatz kostet ein Vielfaches im Vergleich zu jener Zeit.

*Geschichtliche Einheit*

Niemand durfte erwarten, dass bei der inneren Vereinigung eine fehlerfrei ablaufende planmäßige Entwicklung vonstatten gehen würde. Es gab, wie gesagt, keine Vorbilder, auf die man sich stützen konnte, und keine Pläne. Unermüdlich wurde in den politischen Zentren und vor allem in den Verwaltungen um die besten Lösungen gerungen. Wolfgang Schäuble zeichnete sich dabei besonders aus. Ungezählte freiwillige Helfer aller Stände und Berufe boten ihre Mitarbeit an. Dennoch haben wir alle die Probleme ebenso unterschätzt wie die Wegstrecken und Zeitdauer zu ihrer Bereinigung. Noch immer haben wir es mit Fehlurteilen und Vorurteilen zu tun. Dahinter stehen bis heute massive Mängel an wechselseitiger Kenntnis.

Hier können wir ein spürbares Ost-West-Gefälle beobachten, das sich quer durch Europa zieht. Die Polen wissen mehr über uns Deutsche als wir über sie. Die Ostdeutschen sehen sich gründlich in Westdeutschland um, haben aber viel weniger neugierigen Gegenbesuch zu erwarten. Und wir Deutschen kennen aus eigener Anschauung die Franzosen spürbar besser als sie uns.

Innerhalb Deutschlands ist dieses Ungleichgewicht besonders ausgeprägt und nach wie vor belastend. Laut den demoskopischen Befunden verlaufen zwar die allermeisten persönlichen Begegnungen von Westdeutschen auf ihren Reisen in die ostdeutschen Bundesländer mit den dort lebenden Landsleuten in einem guten Klima. Freilich treibt es noch immer nur sehr wenige Westdeutsche zu einem Ostbesuch. Jürgen Habermas sprach in diesem Zusammenhang von einer »Beziehungslosigkeit«, von größeren Kenntnissen und erlebten Gemeinsamkeiten der westlichen Bundesbürger mit Frankreich oder mit Amerika als mit der DDR. Ihre Geschichte war »nicht unsere Geschichte«, sagte er. Das mag eine ehrliche Wiedergabe eigener Eindrücke und Erlebnisse sein, ist aber gerade in Bezug auf die Geschichte kein hilfreicher Wegweiser. Denn die Geschichte gehört zu uns, auch soweit wir sie nicht persönlich erleben.

In demjenigen Teil Deutschlands, der nach dem Zweiten Weltkrieg zur DDR gehörte, hat sich deutsche Geschichte seit dem Hochmittelalter nicht weniger bedeutungsvoll zugetragen als im westlichen Raum. Historisch lohnt es sich, neben Aachen und Trier auch Quedlinburg, Naumburg und Magdeburg zu kennen. Was von Preußen, dem in der Neuzeit zur führenden Macht aufgerückten Teil Deutschlands, an geschichtlichen und kulturellen Zeugnissen innerhalb unserer neuen Grenzen nach dem Zweiten Weltkrieg verblieben ist, verbindet uns mit den östlichen Ländern nicht weniger als mit dem Westen, und keine politische und geistige Geschichte der Deutschen ist ohne Sachsen, Thüringen und Mecklenburg denkbar.

Nun haben uns vierzig Jahre getrennt. Im Zeichen der Vereinigung will die stark gewordene alte Bundesrepublik ihre eigene bewährte Geschichte schützen und am liebsten ungestört durch die Geschichte der DDR fortführen. Doch wie soll das funktionieren? Nichts lässt sich still und schmerzlos übergehen oder gar vergessen. Dass wir vierzig Jahre lang getrennt waren, beruht auf Wurzeln des zwanzigsten Jahrhunderts, die uns beide aufs Engste zusammenführen. Es ist der 30. Januar 1933 mitsamt seiner Vorgeschichte und seinen Folgen. Es war der Nationalsozialismus, der Feindbilder verbreitet, Rassenwahn und Völkerhass gepredigt, Menschenverachtung praktiziert hat. Hitler hat durch seine Angriffskriege die Sowjetunion zur Besatzungsmacht auf deutschem Boden werden lassen. Ohne ihn hätte es keine Teilung Europas gegeben. Für keines der beiden Teile Deutschlands steht der Ausweg offen, sich vom Schicksal des anderen als

»nicht betroffen« frei zu machen. Nur dann können wir eins werden, wenn wir uns auch im Verhältnis zur Vergangenheit vereinigen. Das ist schwer, wo die eigenen Lebenserfahrungen der vergangenen Jahrzehnte so unvergleichlich verschieden waren, aber unausweichlich.

So wichtig materielle Hilfe für die Vereinigung bleibt, notwendiger und hilfreicher sind sorgfältige wechselseitige Wahrnehmung und Anerkennung nicht nur in Bezug auf die gegenwärtigen Probleme, sondern auch im Hinblick auf ihre Entstehung.

*Wahrheit und Versöhnung*

Ein schwieriges, noch immer virulentes Problem ist die Verarbeitung der vergangenen SED-Diktatur. Die beiden Systeme, die sich ablösten, um den Deutschen im Osten fast sechzig Jahre lang die Freiheit zu nehmen, stehen mit ihrem Ungeist und ihren Untaten auf ganz verschiedenen Stufen. Anders als die Naziherrschaft hat der SED-Staat keinen Krieg begonnen und keinen Holocaust zu verantworten. 1945 war das Deutsche Reich zusammengebrochen, 1989 nur ein Staatsführungssystem. Die SED war von außen zwangsweise eingesetzt worden und in ihren Entscheidungen weitgehend unselbständig. Anders als im Dritten Reich, wo sich die Mehrzahl der Bürger mit ihrem Staat identifizierte, musste in der DDR die Anpassung weithin erzwungen werden.

Dafür war vor allem die »Staatssicherheit« bestimmt. Sie wurde zu einem Beherrschungssystem ohnegleichen. Zu seinen Mitteln gehörte es, zu indoktrinieren und zu kontrollieren, Angst unter den Bürgern zu verbreiten, sie zu nötigen und zur Mittäterschaft zu erpressen, wenn sie nicht Opfer werden wollten. Das Rückgrat zahlloser Menschen sollte auf subtile Weise gebogen oder gebrochen werden. So bildete sich ein Knäuel von versuchtem Widerstand, von Selbstschutz oder Schuld. Würde er sich entwirren lassen? Oder käme es zu einer neuen Verdrängung von Vergangenheit?

Unweigerlich notwendig ist es, dass sich der Westen keine Deutungs- und Klärungshoheit anmaßt. Er hatte ja die SED nicht selbst zu erleiden. Und im Umgang mit menschlichen Schuldfragen aus der Zeit des Nationalsozialismus haben wir uns in der alten Bundesrepublik gewiss nicht beispielgebend qualifiziert.

Noch immer lastet die Aufgabe. Es gab viel Streit. Die Wunden sind bisher durchaus nicht alle verheilt. Es geht um Sühne für Schuld, um Respekt vor den Opfern und, soweit möglich, um Entschädigung.

In Südafrika wurde nach dem Ende der Apartheidherrschaft eine Wahrheits- und Versöhnungskommission unter dem Vorsitz des Friedensnobelpreisträgers Tutu eingesetzt. Ihr Name beschreibt die Aufgabe: Ohne die Suche nach der Wahrheit kann es keine Versöhnung geben. Aber Wahrheit ohne die Aussicht auf und den Willen zur Versöhnung ist unmenschlich. Gemeinsam wurden der südafrikanische Erzbischof Tutu und der Rostocker Pfarrer Joachim Gauck einmal nach den Möglichkeiten einer Vergebung gefragt. Tutu ganz einfach: »Sie vergeben, indem Sie vergeben.« Gauck kann nur bei Einsicht des Schuldigen vergeben: »Der Täter muss bei seinen Taten, bei seiner Schuld ›ankommen‹.« Dazu Tutu:

»Wir sind alle Sünder.« Nur Gott wisse, ob wir Menschen bei unserer Schuld wirklich ankämen. »Es sind Menschen. Sie können sich ändern. Ohne diesen Glauben an Änderungen gibt es keine Hoffnung.«
Das ist das Entscheidende auf dem Weg zum Ziel, zum Frieden untereinander. Es ist unklug und unmenschlich, andere Menschen in das Gefängnis ihrer Vergangenheit lebenslang einzusperren. Wir haben die Pflicht, ihnen zuzumuten und zuzutrauen, dass sie sich weiterentwickeln und etwas dazulernen.

*PDS: Vergangenheit und Feindbild*

Dieser empfindliche Komplex belastet viele menschliche Beziehungen. In den vergangenen zehn Jahren hat er sich aber auch zu einem unguten und versuchungsreichen Problem unter den politischen Parteien entwickelt.

Willy Brandt setzte sich 1990 für einen Weg der Versöhnung nicht nur in unserer ganzen Gesellschaft ein, sondern auch im Bereich seiner SPD. Nach seinen Worten sollten die Sozialdemokraten, die 1946 durch die Verhältnisse genötigt waren, zur SED zu gehen, nunmehr zusammen mit ihrem Nachwuchs erhobenen Hauptes zur SPD kommen können. Es gab gewichtige Stimmen bei den Sozialdemokraten, die ganz offen fragten, was denn nach 1989 dazu berechtigte, gegenüber der Haltung der Menschen in der DDR schärfere Maßstäbe anzulegen als nach 1945 in Westdeutschland gegenüber den Parteimitgliedern der NSDAP bis hin zu zahlreichen Eliten aus der Hitler-Zeit, die fast überall danach in der alten Bundesrepublik übernommen wurden, bis hinein ins Kanzleramt Adenauers.

Schließlich blieb aber die Führung der SPD 1989 und danach von der bekannten alten Sorge beherrscht, die schon Kurt Schumacher zu Beginn der alten Bundesrepublik zur Maxime seines Handelns gemacht hatte: die SPD müsse aufgrund ihrer langen komplexen Geschichte in allererster Linie jeden Verdacht einer Nähe zu den Kommunisten vermeiden. Sie wollte nicht ausgerechnet jetzt, wo der Kommunismus doch gerade gescheitert war, ihre Grenzen nach links lockern. Und so versäumte sie es, dem politischen Appell ihres Ehrenvorsitzenden zu folgen. Sie versperrte sich fast ganz der Aufnahme von SED-Mitgliedern. Das hat für sie und für alle schwerwiegende Folgen bis heute nach sich gezogen. Der Weg und Erfolg der PDS bezeugt dies ebenso wie das ganze parteipolitische Streitklima im vereinigten Land.

Nicht zuletzt aus Angst vor politischen Angriffen von rechts hat die SPD so gehandelt. Ihr Gespür trog sie nicht. Denn alsbald griffen die Regierungskoalition und vor allem Kohls Partei nicht nur die PDS scharf an, was normal und legitim war, sondern sie offenbarte mit der »Rote-Socken-Kampagne« ihr eigentliches Kampfkonzept: Die SPD unter den Verdacht eines neuen Volksfrontbündnisses mit der PDS zu stellen.

Bei Bundestagswahlen war nicht die PDS eine Gefahr für die Union, sondern die SPD. Und nicht das eine Fünftel der Wähler, das in den östlichen Bundesländern lebte, war der Hauptadressat, sondern die vier Fünftel Bewohner der alten Bundesrepublik, die ohnehin fest im Antikommunismus verankert waren, nach den Erfahrungen des Kalten Krieges aus gutem Grund. So diente der Angriff auf die östliche PDS in seinem Kern als Wahlkampfkeule in der Hand des einen westlichen Parteilagers, um mit ihr auf das Haupt der anderen westlichen Partei einzuschlagen. Und es brachte dem Angreifer eine ziemlich lange Zeit auch gewisse Erfolge gegen die in eine selbst gewählte Defensive verstrickte und verunsicherte SPD.

Der Hauptnutznießer dieser Unionskampagne freilich war die PDS im Osten. In ihren Heimatbezirken konnte sie davon gegenüber den beiden großen Westparteien profitieren, deren Kampf von wenig Verständnis für die Gedankengänge der ehemaligen DDR-Bürger zeugte. Es verletzte deren Selbstwertgefühl, mit ansehen zu müssen, wie ihre sehr ernsten, aus der Vergangenheit und Gegenwart herrührenden Spannungen und Probleme sich für einen Machtkampf westlicher Interessen instrumentalisieren ließen. Denn in den östlichen Bundesländern ging es ja längst kaum mehr nur um die einfache Frage, ob man noch für oder gegen das alte kommunistische Regime war.

Der Name PDS hatte das Licht der Welt als Namenszusatz zur SED erblickt. Die Partei hieß zunächst SED/PDS. Im Februar 1990 war dann der Namensbestandteil SED aufgegeben worden. Wie man heute deutlicher erkennen kann, wäre es gesünder und klärender gewesen, wenn sich die PDS damals aufgelöst und neu gegründet hätte, um damit hartnäckige alte kommunistische Kämpfer loszuwerden. Der Konflikt zwischen Reformern und Hardlinern ist in der PDS bis jetzt nicht völlig überwunden. Dennoch standen für sie schon seit 1989 andere Herausforderungen im Vordergrund.

In allen kommunistischen Parteien des Ostblocks hatte es, zumal seit Gorbatschow, Reformer gegeben. Nicht nur in Ungarn und Polen, sondern auch in der DDR hatten maßgebende SED-Mitglieder gegen die Sturheit ihres Politbüros angekämpft. Viele von ihnen haben an Runden Tischen den Kontakt zu Bürgerrechtlern gesucht. Nicht wenige zählen sich bis heute zu den Verantwortlichen für einen friedlichen Verlauf der Wende. Es ist, wie stets in tiefgreifenden Umbruchzeiten, müßig zu erforschen, ob einer damals aus Idealismus, aus menschlicher Vernunft oder aus antizipierender Wendehalsbegabung gehandelt hat.

Die Positionen und Wahlkämpfe der Parteien waren noch bis tief in die Zeit nach der Wende voller Widersprüche. Mit Recht wurde Gorbatschow allseits wegen seiner mutigen Aufrichtigkeit und Verständigungsbereitschaft aufs Höchste geachtet. Sein Nachfolger Jelzin, gleichfalls ein herkömmliches Politbüromitglied der KPdSU, brachte es zu einer Sauna-Freundschaft mit dem deutschen Bundeskanzler. Eng verbunden waren wir mit der ungarischen Regierung schon in einer Zeit, als sie noch von politischen Kräften geführt wurde, die nach der bei uns üblichen Klassifizierung postkommunistisch heißen. Ihr Außenminister Horn erhielt sogar alsbald nach der Wende den hoch angesehenen Karlspreis der Stadt Aachen. Mit Polen, Litauen oder Rumänien haben wir bis heute zum Teil sehr enge Kontakte zu Persönlichkeiten, die auf vielfältige Weise eine Rolle in der vergangenen kommunistischen Zeit gespielt haben.

Bei uns im eigenen Land kam es im Juni 1991 zum heftig umstrittenen Hauptstadtbeschluss zugunsten von

Berlin. Bei seiner knappen Mehrheit bildeten die PDS-Abgeordneten das entscheidende Zünglein an der Waage. Ihr Hauptstadtvotum klärte natürlich nicht Fragen nach ihrer Vergangenheit. Aber es wurde von den Berlin-Befürwortern aller westlichen Parteien dankbar entgegengenommen. In zahlreichen Gemeinden und Kreisräten der östlichen Bundesländer haben sich Unions-Politiker, und auch SPD-Kollegen, von PDS-Vertretern wählen lassen oder selbst ihre Stimmen für PDS-Kandidaten abgegeben.

Das alles schließt selbstverständlich die politische Auseinandersetzung nicht aus. Sie ist und bleibt notwendig. Meinerseits habe ich öffentlich von der PDS-Führung eine eindeutige und verbindliche Distanzierung vom Unrecht der SED im Grenzregime und vom Stasi-Unwesen und den konkreten Erweis ihrer Verpflichtung auf Demokratie und Einheit verlangt, anstatt sich ihre Mandate durch Belebung von Ostressentiments zu suchen.

Aber es gilt, sich in jede Richtung weiterzuentwickeln. Es ist ein menschlich schwer erträgliches und auf die Dauer auch politisch kontraproduktives Verhalten, politische Gegner auf frühere Fehler und Sünden unentrinnbar festzunageln und ihnen keinerlei Einsichten und Fortschritte zuzutrauen – nicht zuletzt deshalb, weil man darauf hofft, sie auch in Zukunft immer weiter als die verbohrten, aussätzigen Gegner behalten zu können, die sich, wie es scheint, so viel leichter mit ihrer bösen Vergangenheit bekämpfen lassen als mit dem ernst gemeinten Versuch, sie für neue Einsichten und gemeinsame Aufgaben im eigenen Land zu gewinnen.

Viele heranwachsende Menschen waren in Zeiten der

Not von den Schriften des jungen Karl Marx beeindruckt, in denen er im Zeichen der werdenden Massengesellschaft gefordert hatte, »alle Verhältnisse umzuwerfen, in denen der Mensch ein erniedrigtes, ein geknechtetes, ein verlassenes, ein verächtliches Wesen ist«. Jedermann weiß, was aus dem Umwerfen der Verhältnisse geworden ist und wie die Marxschen Lehren in den unmenschlichen Stalinismus hineinpervertierten. Aber was heißt da heute postkommunistisch, wenn ein junger Brandenburger oder Berliner seinen Weg zum Sozialismus auf den demokratischen Prüfstand stellen will? Es wird vielleicht schwer für ihn sein, sich damit zu bewähren, aber es ist doch ein Gewinn für uns alle, wenn er es als Demokrat unternimmt. Ihn dazu zu ermutigen, anstatt ihn zu verdächtigen, ist unsere Aufgabe. Wer weiß, zu welchen Einsichten er bei seinen Explorationen sonst noch landen wird?

Als in der Mitte der neunziger Jahre die vorgeschlagene Fusion von Brandenburg und Berlin in einer Volksabstimmung scheiterte, brachten die Wahlforscher zum Vorschein, dass allzu viele Brandenburger es so empfunden hätten, ihnen hätte der eine »Beitritt« genügt, sie wollten nicht noch eine Vereinigung erleben, nachdem sie aus dem Westen zwar viel Hilfe, aber zu wenig Verständnis gefunden hätten. Ich denke dabei an eine gewiss nicht entscheidende, aber im Gedächtnis vieler Berliner haften gebliebene Plakatwerbung. Da wurde auf der Westberliner Ausfallstraße nach Potsdam für die Fusion mit der Aufschrift Propaganda gemacht: »Für ein christliches Preußen«. Zweifellos war dies ein skurriles Beispiel von politischem Autismus. Die Säkularisierung ist in der

DDR stark und anhaltend fortgeschritten. Und das Markenzeichen von Westberlin ist nicht primär ein praktiziertes Christentum. Dass Preußen sein Leben seit langem unwiderruflich beendet hat, war auch nicht geheim geblieben. Aber niemand konnte dem Anblick der Plakate ausweichen. Keine Führung meldete sich, um dem Graus ein Ende zu bereiten. Es war auch eine der wirkungsvollen Abschreckungen gegen diese Fusion, für die doch alle historischen und Vernunftsgründe sprechen.

Es gibt zahlreiche, aber natürlich keine zuverlässigen Vorhersagen darüber, wie viel Zeit noch vergehen wird, bis wir zwischen Ost und West so weit zusammengewachsen sind, dass wir die Aufgabe der Vereinigung als einigermaßen gelöst empfinden dürfen. Wir sind nach Kräften dabei voranzukommen. Schritt für Schritt gleichen sich die Lebensverhältnisse an. Schwierig ist es nach wie vor im zwischenmenschlichen Bereich. Vielleicht haben wir im ersten Jahrzehnt nach der Wende schon die Hälfte dieses in vierzig Jahren entstandenen Grabens überbrückt. Niemand weiß es. Aber diese Zuversicht dürfen wir doch haben.

Wenn wir uns in der Geschichte umschauen, brauchen wir über den langen Zeitbedarf nicht zu erstaunen. Es ist keine spezifisch deutsche Schwäche, sondern eine allgemeine historische Erfahrung, dass große Umwälzungen oft auf Jahrzehnte ihre Narben hinterlassen. Dennoch glaube ich durchaus nicht, dass wir uns in unseren Erwartungen am oft genannten Beispiel der Süd- und Nordstaaten der Amerikaner orientieren müssen, die bald hundert Jahre brauchten, um sich gegenseitig hinreichend vorbehaltlos anzunehmen. Dort hatte es mit einem blutigen Bürgerkrieg begonnen, bei uns dagegen mit dem Willen zum Bürgerfrieden, und er wird sich durchsetzen.

Ungleichgewichte und menschliche Distanz werden auch kleiner unter dem Einfluss großer Themen, die den Westen und den Osten gleichermaßen betreffen. Es sind vor allem zwei Herausforderungen, die uns schon jetzt mehr verbinden als trennen. Die eine liegt in der Aufgabe, Schwächen unserer Demokratie zu meistern, die andere in der Vollendung Europas.

*Verhandlungsdemokratie*

Aufs Ganze gesehen bewährt sich unsere Demokratie seit der Wende ähnlich wie zuvor in der alten Bundesrepublik. Dabei steht die wissenschaftliche, wirtschaftliche und soziale Entwicklung nicht still. Es gilt, die Veränderungen zu verstehen und zu beherrschen. Auch haben wir es mit Schwächen, manchmal mit Skandalen zu tun. Kein politisches System kann sie uns ersparen. Sie aufzudecken, sie zu verarbeiten und Konsequenzen aus ihnen zu ziehen, darin hat die Demokratie ihre Überlegenheit zu erweisen.

Immer deutlicher verschieben sich die Kräfteverhältnisse unter den Verfassungsorganen. Davon ist vor allem das Parlament betroffen. Es fasst seine Beschlüsse mehrheitlich. Seine wichtigste, oft seine beinahe einzig wahrnehmbare Funktion besteht darin, den Regierungschef nicht nur zu wählen, sondern ihn abzuschirmen. Anstelle der Kontrolle der Exekutive durch die Legislative – wie in der klassischen Gewaltenteilung vorgesehen – tritt dann der mit Parlamentsmehrheit durchgesetzte Schutz der Regierung vor der kritischen parlamentarischen Kontrolle.

Auf kaum noch leisen Sohlen schreitet der beherrschende Einfluss der Regierungen in den meisten Demokratien voran. In Großbritannien mit seinem historisch-klassischen Parlamentsvorbild sorgt das Wahlsystem ziemlich regelmäßig für klare Mehrheiten. Diese wählen den Regierungschef und gewähren ihm eine fast uneingeschränkte Handlungsmacht. Mancher spricht dort schon von einem schleichenden Autoritarismus. Die Regierung sucht das wahre Volk auf der Straße, dagegen kaum im Unterhaus. Im Zeichen gewachsener Medienmacht versorgt sie ihr Volk mit friedlichen Werbefeldzügen. Die parlamentarische Sachdiskussion geht spürbar zurück.

Bei uns ist es schwerer zu regieren. Unser Wahlsystem erzwingt fast immer die Bildung von Parteikoalitionen, damit eine Mehrheit für die Kanzlerwahl erreicht werden kann. Hinzu kommt unser föderalistisches System. Es räumt den Landesregierungen mit ihren Verwaltungen die Möglichkeit ein, in Bundes- und Europaaufgaben unmittelbar mitzuwirken. Keine andere zur Europäischen Union gehörende Demokratie hat eine damit vergleichbare Verfassung.

Dennoch gibt es keinen Zweifel, dass auch bei uns die Bundesregierung das politisch dominierende Verfassungsorgan geworden ist. Im Gegensatz zum amerikanischen Präsidialsystem hatte sich zwar das Bonner Grundgesetz für ein parlamentarisches System entschieden.

Zugleich aber hatte es in Erinnerung an die massiven Schwächen der Weimarer Verfassung eine starke Exekutive installiert. Herausgekommen ist bis heute im Wesentlichen eine Kanzlerdemokratie im Parteienstaat.

Laut Verfassung arbeitet jeder Bundesminister »selbständig und unter eigener Verantwortung«. Meinungsverschiedenheiten sollen vom ganzen Kabinett entschieden werden. Dazu kommt es jedoch kaum. Denn es ist die Richtlinienkompetenz des Kanzlers, die sich in der Regel durchsetzt. Die Öffentlichkeit erfährt wenig von Debatten in der Regierung, dagegen umso mehr von der Beförderung eines Themas zur »Chefsache« und von »Machtworten« des Kanzlers – Begriffe, die der Verfassung fremd sind.

Drei Bedingungen sind es, von denen die Machtposition des Kanzlers abhängt. Die erste und wichtigste ist die Rückendeckung durch die eigene Partei, was in der Regel heißt, dass es sich für ihn empfiehlt, sie selbst anzuführen. Die zweite Bedingung ist die ständige Rücksichtnahme auf den oder die Koalitionspartner. Es sind die der Verfassung unbekannten Koalitionsrunden, in denen über Streitpunkte entschieden wird, und dort hat niemand eine Richtlinienkompetenz.

Die dritte Bedingung, deren Erfüllung den Kanzler stärkt, hat sich erst in den letzten Jahren sichtbar entwickelt: Wir nennen sie die Verhandlungsdemokratie. Sie ist es, die den Einfluss der Exekutive zu Lasten der Legislative immer weiter wachsen lässt.

Die Macht geht vom Volke aus, so drückt unsere Verfassung den Begriff der Demokratie in unserer Sprache aus. Das ganze Volk entscheidet mit seiner Wahl über seine Repräsentanten, die es für die Politik verantwortlich macht. Aber es gibt Sektoren, Verbände, Unternehmungen, Interessengruppen, die keine eigenen Verfassungsrechte in unserer Gesellschaft besitzen und dennoch besonders mächtig sind. Hinzu kommt der Einfluss hochmobiler, uneingrenzbarer Kräfte im Zeitalter der Europäisierung mit dem großen Binnenmarkt und im Zeichen der Globalisierung mit ihren weltweit offenen Grenzen. Dies ist vor allem die Macht des Kapitals.

Darauf reagiert die Regierung. In wachsendem Maß sucht sie Verabredungen mit privaten Akteuren. Über ein Beispiel wurde unlängst öffentlich berichtet. Danach verständigten sich die Bundesregierung mit den Energieunternehmen nicht nur auf ein politisches Ziel, sondern auch gleich auf einen Gesetzestext, der den Ausstieg aus der Atomindustrie regeln soll. Gewiss muss die Legislative danach noch ihre eigenen ordnungsgemäßen Beschlüsse fassen. Aber mit welchem Spielraum? In der Realität befindet sich der Gesetzgeber hier in einer ähnlich schwachen Lage wie vor der Aufgabe, einen außenpolitischen Vertrag parlamentarisch zu ratifizieren. Allein die Regierung verhandelt mit der auswärtigen Macht. Das Parlament ist daran nicht beteiligt. Es kann zum Ergebnis nur ja oder nein sagen, dagegen nicht den Vertragstext verändern.

Ähnlich entwickelt sich die Verhandlungsdemokratie auch im Bereich der Innenpolitik. Es ist die Regierung mit ihrer Verwaltung, die eine Verständigung mit der »auswärtigen Macht« sucht, also mit der außerhalb von Verfassungsfunktionen stehenden Macht privater und gesellschaftlicher Einrichtungen und Gruppen aller Art.

Das Ziel der jeweils angestrebten Einigung ist ein Konsens in der Sache und womöglich der konkrete Inhalt einer bevorstehenden gesetzlichen Regelung, ja zuweilen sogar das Einverständnis darüber, dass es bei bestimmten Fragen überhaupt zu keinem legislativen Schritt kommen soll. Zweifellos bleibt dadurch das Parlament rechtlich völlig ungebunden. Es ist an eigenen Initiativen nicht gehindert. Faktisch steht aber für die Mehrheit im Bundestag eine Rückendeckung ihrer Regierung im Vordergrund. Wiederum ist das Ergebnis eine Machtverschiebung zugunsten der Exekutive.

Neuerdings untermauert die Exekutive ihre Position auch durch Kommissionen und Beratungsgremien, die Nützliches leisten können, aber kein parlamentarisch legitimiertes Mandat haben. Beispiele dafür sind eine Zuwanderungskommission, eine Kommission für gemeinsame Sicherheitspolitik und Reform der Streitkräfte und aus jüngster Zeit ein Ethikrat für humangenetische Fragen. Ob die Regierung sich an die Empfehlungen solcher Räte hält, ist eine Frage für sich. Das Verfahren dient aber der Einbindung mächtiger Gruppen und wichtiger Stimmen in der öffentlichen Meinung.

Verhandlungsdemokratie bringt die Starken in der Gesellschaft an einen Tisch. Es ist eine Art Elitekommunikation der Mächtigen. Dabei können ad hoc Allianzen zur Lösung bestimmter Probleme entstehen.

Das Interesse einer Regierung an solchen Verfahren liegt auf der Hand. Es ist ein Vorteil für sie, wenn sie mit einem problemgesteuerten Pragmatismus genau durch solche Querverbindungen auf Zeit außerhalb prinzipieller programmatischer Streitigkeiten vorwärts kommt. In der Tat kann es auf diesem Wege leichter gelingen, ideologische Fronten aufzubrechen und die politische Willensbildung zu beschleunigen.

Eine Opposition sucht die Rückkehr zur Macht durch den Konflikt. Verständlicherweise beurteilt sie Themen nach ihrer Tauglichkeit für kontroverse Wahlkampagnen. Solange sie am Verhandlungstisch sitzt, kann sie zwar dort sachlich Hervorragendes leisten, unterstützt am Ende aber den Ruf der verhandlungsführenden Exekutive. Die Regierung stärkt ihre Bastion durch Konsens. Sie präsentiert ihre verhandlungsdemokratische Arbeit als ergebnisorientierte Dialogkultur zwischen Politik, Wissenschaft, Wirtschaft und kritischer Öffentlichkeit. Wo immer sich dies als ein Weg zur Lösung der Fragen erweist, drängt es das Verlangen nach einem Machtwechsel in den Hintergrund.

*Parteien machen Staat auf ihre Weise*

Die entscheidende Kraft in unserer Verfassungswirklichkeit sind die politischen Parteien. Die Kanzlerdemokratie hat sich im Parteienstaat entwickelt. Demgemäß war schon in den Kapiteln über 1949 und 1969 ausführlich von Parteien die Rede.

Parteien sind weder von Hause aus populär, noch sind sie entbehrlich. Die Stimmen aus der vordemokratischen Zeit, dass wir keine Parteien für den Volkswillen benötigten (Rousseau) oder dass sie ein Verderb unserer Verfassung und unserer Zukunft seien (Bismarck), sind verstummt. Auch dort, wo die Elemente der direkten

Bürgerdemokratie am weitesten entwickelt und am eifersüchtigsten gehütet werden, wie in der Schweiz, geht es nicht ohne politische Parteien.

In der Gründungsphase der alten Bundesrepublik spielten die Parteien eine prägende Rolle. Sie schufen und empfingen Vertrauen. Damit befestigten sie das unentbehrliche Fundament einer jeden Demokratie. Sie waren programmatisch orientiert und unterscheidbar. Ihre führenden Persönlichkeiten waren weithin geachtet.

Rund um den politischen Wechsel des Jahres 1969 erreichte die allgemeine Aufmerksamkeit für die Ziele der Parteien ihren Zenit. Von der Jugendrevolte bis zur Ostpolitik beteiligte sich die Bürgergesellschaft mit neuem, nie zuvor erlebtem Engagement an den großen Auseinandersetzungen der Zeit. Die professionellen Parteizentralen fanden breite Unterstützung in der Bevölkerung. Öffentliche Bekenntnisse waren an der Tagesordnung. Die Zahl neuer Parteimitgliedschaften stieg in ungeahnte Höhen.

Heute klingt dies wie eine fast entschwundene Erinnerung. Es fehlt den Parteien weder an Macht noch an Geld, dagegen umso mehr an Vertrauen, Ansehen und Selbstbewusstsein. Mehrere Gründe dafür kommen zusammen:

Unverändert ist ihr Monopol beim Zugang zu politischen Ämtern.

Ihre programmatische Unterscheidbarkeit und Leidenschaft ist geringer geworden. Stattdessen gefährden Skandale die moralische Integrität zunächst der handelnden Personen, dann ihrer Ämter und schließlich des Systems.

Ihre Abhängigkeit vom Einfluss der medialen Unterhaltungsbranchen wächst kontinuierlich.

Informationstechnologien haben eine privatisierende Wirkung auf neue Generationen. Sie gehen eigenen Lebensentwürfen nach, nicht öffentlichen Fragen, Zielen, Projekten.

Politik und öffentliche Hand appellieren an die Bürger, sich an allgemeinen Aufgaben in der Gesellschaft aktiv zu beteiligen, zumal in sozialen Bereichen. Der Staat unterstützt dies durch allerlei konstruktive Maßnahmen, zum Beispiel im Stiftungswesen oder im Steuerrecht. Es zeigt sich, dass die Bürgergesellschaft weit hilfsbereiter und aktiver ist, als viele es ihr zutrauen.

Es gibt aber auch einen starken Drang nicht nur zur sozialen, sondern zur politischen Bürgergesellschaft. Man sucht nach Möglichkeiten zur allgemeinen politischen Mitwirkung, und zwar auch außerhalb der »Ochsentour« von Parteikarrieren. Es ist der Monopolanspruch der Parteien, der dies auf fest eingefahrene, der Sache nach aber keineswegs zwingende Weise noch immer verhindert. Warum muss dies so bleiben? Man hat sich bei uns daran gewöhnt, die bloße Frage für naiv zu halten. Weshalb? Unsere Verfassung spricht den Parteien das Recht zur Mitwirkung bei der politischen Willensbildung des Volkes zu, nicht aber einen Monopolanspruch ihrer Parteimitglieder für Mandatskandidaturen.

Wer kandidieren will, begibt sich in die Entscheidungsgewalt von Parteigremien. Mandatsträger in den Landtagen und im Bundestag sind ausnahmslos Parteimitglieder. Parteien und ihre Fraktionen entscheiden exklusiv über den politischen Aufstieg.

Etwas besser ist es immerhin in der Kommunalpolitik. Dort hatte bei uns die Demokratie ihre ersten und tiefsten Wurzeln geschlagen. Die großen Reformer, allen voran Freiherr vom Stein, haben den Weg gewiesen. Bis heute ist Kommunalpolitik die hohe Schule der Demokratie. Dort lernen wir, dass Parteienmacht und Bürgeraktivität durchaus zusammenpassen können, auch dann, wenn es zu einem demokratisch fruchtbaren Zwist untereinander kommt.

In den Gemeinden und Kreisen schlägt der Monopolanspruch der Parteien für die Mandatskandidaten nur bedingt durch. Bürgermeister und Landräte werden direkt gewählt. Dafür gibt es Kandidaturen auch außerhalb von Parteilisten. Gestritten wird weniger am hohen Firmament von Parteiideologien. Vielmehr stehen ganz konkrete, jedermann verständliche Entscheidungen zur Debatte. Die Kommunalpolitik folgt zwar den Regeln des repräsentativen Systems, orientiert sich aber oft quasi plebiszitär. Nicht Parteibeschlüsse haben das größte Gewicht, sondern Persönlichkeiten, durch die sich das Vertrauen zur örtlichen Politik bilden kann. Es ist durchaus gesund, wenn bei Kommunalwahlen immer wieder einmal unabhängige Anwärter über Parteikandidaten siegen.

Dort, wo es sie nichts kostet, schmücken sich Parteien selbst ganz gern mit dem Ansehen von unabhängigen Bürgern. Wenn zum Beispiel alle fünf Jahre die Bundesversammlung zusammentritt, um das Staatsoberhaupt zu wählen, tauchen in ihren Fraktionen immer wieder Persönlichkeiten auf, die sich als Wissenschaftler, als Künstler, in der Wirtschaft, in Verbänden und auch im Sport einen Namen erworben haben, ohne einer Partei anzugehören. Sie erhalten ihr Stimmrecht durch die Fraktionen der Bundesversammlung. Es ist keine große Leistung, die ihnen abverlangt wird, dennoch ist ihre Mitwirkung nicht bedeutungslos.

Warum aber kann sich ein Kreisverband oder eine Landespartei nicht dazu durchringen, bekannte, befähigte und interessierte Bürger für eine Kandidatur zu einem parlamentarischen Mandat zu gewinnen? Man unternimmt gigantische Anstrengungen und gibt enorm viel Geld aus, um die eigene Qualität dem Volk gegenüber zu propagieren. Weit billiger und einfacher, vor allem aber öffentlich wirksamer wäre es, die eine oder andere Ausnahme von der üblichen Parteikarriere zuzulassen. Wenn es, was selten genug vorkommt, einmal einen parteilosen Landes- oder Bundesminister gibt, warum darf dies nicht auch für ein Abgeordnetenmandat gelten? Gewiss liegt es nahe, einem Kandidaten früher oder später auch die Parteimitgliedschaft zu empfehlen.

Es geht durchaus nicht um Geringschätzung regelmäßiger, engagierter Mitarbeit in den Basisgremien der Parteien. Aber das kann sich doch mit dem hohen Wert für die Qualität und das Renommee einer Partei verbinden, wenn sie Bürger für Mandate gewinnen will, die sich ihre Bewährung und Urteilskraft außerhalb der Parteigremien erworben haben. Warum die tiefe Abneigung gegen solche »Seiteneinsteiger«? Es ist die Folge der Entwicklung zum berufspolitischen Funktionärswesen, sozusagen dem mächtigen öffentlichen Dienst des Parlamentarismus. Den Schaden haben Partei und Politik.

Das Monopol der Parteiführungen bei der Auswahl

des politischen Personals wird durch eine für unsere deutsche Berufswelt leider typische und für die Wahrnehmung politischer Aufgaben negative Immobilität gefördert. Es gibt wenig Wechsel aus privaten Tätigkeiten in öffentliche Ämter, sei es temporär oder auf Dauer, hin oder her. Für eine Verantwortungsfreude an öffentlichen Aufgaben ohne persönliche Machtziele gibt es bei uns kaum Anreize. Parteien haben diese Lage nicht geschaffen. Aber sie nutzen sie, und leider verstärken sie sie auch.

In anderen Demokratien gibt es gängige Auswahlverfahren, um politische Führungsschichten aufzubauen. Frankreich hat seine »grandes écoles«. Ihre Gründung beruhte auf dem tiefen Eindruck, den die Humboldtsche Bildungsreform in Preußen bei unseren Nachbarn hinterlassen hatte. Frankreich glaubt an Diplome. Wer den gnadenlosen Wettbewerb mit dem besten Abschluss besteht, wird dazugehören. Die Inhaber der Führungspositionen quer durch die Gesellschaft kennen sich untereinander. Sie bilden eine unterscheidbare Schicht.

Weniger ausgeprägt sind die Verhältnisse in den angelsächsischen Demokratien. Aber aller allmählichen gesellschaftlichen Einebnung zum Trotz gibt es in Großbritannien nach wie vor Universitäten, die nicht nur Fachwissen vermitteln, sondern auch zu politischer Beteiligung und Qualifizierung wesentlich beitragen. Noch vor kurzem hieß es, Prime Minister könne im Vereinigten Königreich nur werden, wer zuvor einmal der politischen Diskussionsrunde der Oxforder Studenten, die berühmte »Oxford Union«, präsidiert habe. Wenn es heute auch anders geht, bleibt dennoch die politisch demokratische Ausbildung an bestimmten Universitäten ein höchst wirksames Mittel, um sich als Angehöriger einer politischen Führungsschicht für später zu empfehlen.

Amerika glaubt bekanntlich an den Aufstieg vom Tellerwäscher zum Präsidenten. Auch wenn es dazu bisher noch nie gekommen ist, so trägt diese Vorstellung doch wirksam dazu bei, die wahren und erprobten Machtstrukturen zu keinem öffentlichen Ärgernis werden zu lassen. Denn dazu gehören die politischen Clans. Man kann in sie hineinwachsen oder aus ihnen herausfallen. Aber dazuzugehören ebnet die Wege zur politischen Macht. Innerhalb dieser Schichten herrscht strenger Wettbewerb. Dennoch kennt und versteht man sich als Angehöriger einer Führungsschicht.

Bei uns gibt es nichts Vergleichbares. Wir sind eine reine Aufstiegsdemokratie. Das zeichnet uns aus. Wir haben weder Erbhöfe noch Erziehungswege, welche eine politische Mitwirkung spezifisch vorbereiten. Keinem unserer Kanzler war der Aufstieg zur politischen Macht an der Wiege gesungen. Jeder hat den harten Weg zum Gipfel persönlich bezwungen. Gerhard Schröder ist dafür das jüngste, uns allen bekannte Beispiel. Wir haben keine politische Führungsschicht.

Nach den Grundgedanken der Demokratie also könnten wir darauf besonders stolz sein. Aber auch bei uns haben sich Zentren gebildet, die den Charakter von machtvollen Institutionen angenommen haben. Es sind die Schaltstellen der politischen Parteien. Wer dort schaltet, gehört dazu und entscheidet über die Mitwirkung anderer. Das ist unser Weg zur Bildung einer politischen Klasse.

Der Weg zur Macht im Staat führt über die Macht in

der Partei. Seit 1949 beruht die Kanzlerdemokratie auf der Durchsetzung eines persönlichen Führungsanspruchs in der eigenen Partei. Kanzler Adenauer war dafür das Vorbild. Nur Kanzler Schmidt bildete eine Ausnahme. Im Jahr 1982 hat er uns mit seiner Haltung beeindruckt, als ihm seine eigene Einsicht und Verantwortung in einer entscheidenden politischen Frage wichtiger war, als einer Partei- oder Koalitionsräson zu folgen. Kanzler Kohl hat dann aber das System der Parteiherrschaft zu seiner höchsten Blüte gebracht. Sein planmäßiger Weg zur Dominanz in der eigenen Partei war für ihn die Aufstiegsleiter zur Macht im Staat. Und um sie zu bewahren, blieb für ihn stets entscheidend, dass seine politischen Maßnahmen niemals in Kollision mit seiner Führung der Partei und Koalition geraten durften. Dies hatte in Zweifelsfällen die Priorität. Machterhalt in der eigenen, engeren politischen Heimat wird zum wichtigsten Maßstab in der Politik.

Die demokratische Empfindlichkeit eines solchen Systems liegt auf der Hand. Macht wofür? Welchen Inhalten wendet sie sich zu? Welche Verantwortung bringt sie mit sich?

Wir brauchen Parteien als Teile des Ganzen. Im Wettbewerb untereinander soll sich der beste Weg zur Lösung der Probleme erweisen. Damit eine Partei ihren Lösungsweg durchsetzen kann, muss sie um Mehrheiten kämpfen, also um die Macht. Das ist legitim und notwendig.

Parteien sollen keine Verbände zum Kampf für partikulare Interessen sein. Sie sind für das Ganze zuständig. Auf das Gemeinwohl im Staat sind sie verpflichtet. Wer als Parteipolitiker im Machtkampf ein Amt errungen hat, wird daher auf dieses Gemeinwohl vereidigt.

Aber was nehmen die Bürger bei den Wahlkämpfen wahr? Dient der Kampf um die Macht wirklich vorrangig den Lösungen der Probleme? Oder dienen die Probleme als Instrumente zur Steigerung der Chancen im Machtkampf? Sind es also Machtkämpfe oft nur noch um ihrer selbst willen? Wo bleibt die Verpflichtung auf das Gemeinwohl? Die Zweifel in unserer Bürgerschaft sind gewachsen, das Vertrauen in das Parteiensystem ist bedrohlich geschrumpft.

Zwei Entwicklungen tragen dazu bei, die sich wechselseitig verstärken. Die eine betrifft die inhaltliche Annäherung unter den Parteien. Alle stehen vor denselben Reformaufgaben in einer Gesellschaft, die schwer beweglich ist, weil ihre große Mehrheit den Status quo einer Veränderung vorzieht. Bei den Lösungsvorschlägen gibt es immer weniger markante Unterschiede. Carl Schmitt wäre traurig: Es fehlt an klaren Feindbildern, die er für unverzichtbar hielt. Stattdessen sieht man unscharfe, schnell wechselnde Spiegelbilder. Die Freude an einer ernsthaften Programmarbeit lässt nach. Die prägnanten Merkmale für Identität und Loyalität in einer Partei nehmen ab. Die Mitgliederzahl schrumpft rapide. Es wirkt beinahe unvermeidlich, dass dort, wo der Wettstreit um erkennbare Alternativen fehlt, umso schärfer der reine Machtkampf ins Blickfeld rückt. Wenn mein Gegner einen Vorschlag zur inhaltlichen Lösung einer fälligen Reform macht, kann und muss ich ihm sachlich begegnen, sei es im Widerspruch, sei es mit konstruktiven Zusätzen oder Alternativen. Je problembezogener es zugeht, desto legitimer ist die inhaltliche Konkurrenz. Wenn mein Gegner und ich uns aber gegenseitig nur noch die Macht selbst streitig machen, ohne dass überzeugend verständlich wird, wo man aus sachlichen Gründen übereinstimmt und wo und warum man sich inhaltlich streitet, dann wird der Wahlkampf um die Macht zum Selbstzweck.

Dies ist in der Demokratiegeschichte der Parteien alles andere als ein neues Kapitel. Stets gab und gibt es dieselbe Versuchung. Wir haben es mit Wellenbewegungen zu tun. Öffentlichkeit und Bürgergesellschaft sind dazu da, sich gegen einen Abwärtstrend des Vertrauens in das real praktizierte System zu wehren, es in Richtung auf eine Besserung zu beeinflussen. Darum geht es heute. Die Stärke unserer Demokratie muss sich bewähren, sobald sich bei einer Partei das Interesse an ihrem eigenen Wohl unverhüllt über das Gemeinwohl stellt.

Über Gemeinwohl und Macht zu sprechen, zwingt zu einem Blick auf das Verhältnis von Politik und Moral. Hier ist Behutsamkeit geboten. Moralisiert wird vor allem in Diktaturen. Wer seine Bürger der Freiheit beraubt, rechtfertigt seine Staatsräson umso stärker mit sittlichen Forderungen.

Die liberale Demokratie nimmt uns Menschen so, wie wir sind. Sie kann uns nicht ändern und will uns nicht bessern, uns aber den Rahmen für ein Zusammenleben geben. Sie ist weltanschaulich neutral und versteht sich nicht als Kampfplatz einer Wahrheitspolitik.

In der Auseinandersetzung mit der Moral hat es Politik schwer. Immer wieder erliegt jemand der Versuchung, eine Konfrontation von Politik als böser Realität mit der Moral als der Quelle einer besseren Gesinnung auszurufen. Jedermann möge sich hüten, Politik und

Moral gegeneinander auszuspielen. Moral ohne Politik wird zur Ideologie im luftleeren Raum. Politik ohne Moral ist schlechte Politik. Nicht besser ist es, die moralische Integrität eines Gegners zu bekämpfen, anstatt sich mit seinen Argumenten auseinander zu setzen. Davor müssen wir uns hüten. Wir leben bei offenen Grenzen in pluralistischen Gesellschaften. Es gilt, sie von Forderungen nach Wahrheit und realitätsfernen Moralisierungen zu entlasten. Wir wollen nicht jede politische Entscheidung zur Gewissensfrage machen. Pragmatismus gehört nicht a priori unter moralischen Verdacht gestellt. Er ist häufiger eine Tugend als eine Sünde.

Auch das Gemeinwohl ist daher keine Wahrheitsfrage, sondern eben die Grundlage einer freien und friedlichen Gesellschaft, allen Konflikten zum Trotz. Unsere Verfassung gibt Auskunft über das Verhältnis von Gemeinwohl und Macht. Mit ihren politischen und individuellen Grundrechten, ihren Staatszielen und Ämtern regelt sie den moralischen Kern unseres Gemeinwesens. Die große zivilisatorische Leistung der modernen Demokratie besteht in der Ämterordnung des Staates. Moral wird nicht gegen Macht ausgespielt. Wer die Macht in Wahlkämpfen errungen hat, muss sie ausüben, gegebenenfalls durch schwere, machtvolle Entscheidungen. Das gehört zu seiner politischen Verantwortung. Die Wahrnehmung dieser Macht aber hat dem Recht und Gesetz zu folgen. Dafür sorgt die Verfassung der staatlichen Ämter.

Auch wenn der bestimmende Einfluss auf die politische Richtung in der Hand der Parteien liegt, so gehören ihnen dennoch diese Ämter nicht, die sie auf Zeit erringen. Der Staat ist nicht ihr Besitz. Deshalb werden die

Amtsinhaber auf das Gemeinwohl im Staat vereidigt. Die Normen für diesen Eid finden sich in den moralischen Grundsätzen der Verfassung und dem allgemein gültigen staatlichen Recht, sie wirken dagegen niemals allein im Dienste und zum Nutzen der eigenen Partei. Der verfassten Amtsverordnung gilt der Eid. Es gibt keine »höhere« eigene Sache, keine »Selbstermächtigung« gegen die Verfassung mit ihren Institutionen und Regeln. Wer den Eid leistet, kann und darf keine private Moral über die öffentliche stellen.

Es hat den Nerv des Vertrauens der Bürger in unserem Parteienstaat getroffen, dass vereidigte Chefs und Mitglieder von Regierungen dagegen verstoßen haben. Es geschah im Zusammenhang mit der Parteienfinanzierung. Gewiss sind Unregelmäßigkeiten im Finanzwesen der Parteien nicht neu. Dazu tragen ausnutzbare Unbestimmtheiten im Recht bei. Auch eine Tradition der Rechtsprechung bis hinauf zum Bundesverfassungsgericht hat ihren Anteil daran. Dort hat man bisher die Aufgabe vernachlässigt, die Unersättlichkeit der Parteien nach Geld und Macht in ihre Schranken zu weisen.

Zu den Folgen gehört, dass die Grenzen zwischen Parteien und dem Staat undeutlich werden. Netzwerke entstehen, die beide Bereiche ineinander verflechten. Wer sorgt für die Einhaltung der notwendigen Trennlinie? Pflichten gibt es nicht nur dem Staat, sondern auch der Partei gegenüber, doch nur im Rahmen des für alle geltenden Rechts. Nun haben aber Beteiligte in mehr als einem Fall eine ihnen nachgewiesene Rechtsverletzung ausdrücklich mit ihrer Pflichterfüllung gegenüber der eigenen Partei begründet. Dies sind Konsequenzen einer fatal gewordenen Gewohnheit.

Kurz nach dem Ausscheiden als Bundeskanzler bekräftigte Helmut Kohl, er habe immer seiner Partei gedient, und fügte im Frühjahr 2000 hinzu: »Ich kenne kein politisches Leben außerhalb der Partei.« Es ist die Partei, in der er sich die Basis für seine Macht im Staat geschaffen hatte. Nun war er selbst mit einem Verstoß gegen geltendes Recht konfrontiert, was großes Aufsehen auslöste. Dass es ihm im Zuge der Auseinandersetzungen um die öffentliche Meinung über seine politische Lebensleistung geht, ist historisch legitim und menschlich verständlich. Er hat sich als europäischer Staatsmann ausgezeichnet.

Für den Ausgleich des materiellen Schadens hat er gesorgt. Doch könnte er für die Aufklärung der Vorkommnisse, zu der der Staat nach Gesetz und Recht und öffentlicher Moral verpflichtet ist, durch die notwendigen Auskünfte beitragen. Das wäre hilfreicher, als sich unter Berufung auf eine private Moral in der Gestalt eines gegebenen »Ehrenworts«, welches die Ehre des Mittäters ist, dagegen zu sträuben. Besser als jeder andere könnte er selbst dafür sorgen, dass seine Rechtsverletzung nicht politisch instrumentalisiert wird.

Es ist an der Zeit, Staatsdienst klar und eindeutig unterscheidbar vor Parteidienst zu stellen. Das Vertrauenskapital der Bürger hängt davon ab. Den Parteienstaat zu einer offenen, liberalen und lebendigen Parteiendemokratie weiterzuentwickeln, ist nötig und möglich.

Die Machtausübung in verfassten Ämtern zu stärken, dazu sind wir immer von neuem verpflichtet. Je näher wir diesem Ziel kommen, desto klarer können wir auch in den Parteien erkennen, dass wir den dortigen Eigeninteressen am besten dienen, wenn wir uns gemeinwohlverantwortlich betragen. Unsere Staatsziele und Grundrechte sind sittlicher Auftrag genug, um der Gerechtigkeit und Fairness im Land so nah wie möglich zu kommen. »Des Menschen Fähigkeit für Gerechtigkeit (man könnte auch sagen für moralisches Verhalten) macht Demokratie möglich, seine Neigung zur Ungerechtigkeit aber macht Demokratie notwendig.« Diese Einsicht des deutschstämmigen amerikanischen Theologen Reinhold Niebuhr führt uns weiter.

Von Seiten der Parteien ist eine Reform der Amtszeiten möglich und nötig. Macht soll in der Demokratie auf Zeit verliehen werden. So geschieht es bei den beiden überparteilichen Verfassungsorganen, dem Bundespräsidenten und den Mitgliedern des Bundesverfassungsgerichts. Warum nicht auch und primär beim Bundeskanzler und den Ministerpräsidenten? Die USA und Frankreich beschränken die Amtszeiten ihrer exekutiven Spitzen auf zwei Wahlperioden. Bei uns liegen entsprechende Anregungen vor. Man sollte sie jetzt verbindlich voranbringen.

Von keinem geringeren Gewicht ist eine Reform der inneren Ämterordnung in den Parteien, die dies im Rahmen des Parteiengesetzes selbst zu regeln haben. Je deutlicher sich zeigt, dass die Macht in der eigenen Partei die wichtigste, zumeist die entscheidende Basis für die Macht im Staat ist, wie es sich bei der fünfundzwanzigjährigen Amtszeit von Kohl als Parteivorsitzendem gezeigt hat, desto angemessener ist ein vernünftiges Zeitmaß für dieses machtvolle Amt. Was wäre sonst der Sinn einer isolierten Amtszeitbegrenzung in den staatlichen Ämtern?

Es gibt Vorschläge in dieser Richtung, darunter auch von der CDU im Hinblick auf die Spendenaffären. Sie sind ernst zu nehmen.

Zu hoffen ist, dass das Bundesverfassungsgericht Gelegenheiten wahrnehmen wird, seine bisherige Rechtsprechung zu den Parteien und ihrer Finanzierung zu klären und im Lichte der gravierenden Verstöße weiterzuentwickeln.

Von immer neuer Aktualität sind Debatten über verstärkte politische Bürgeraktivitäten. Zweifellos gibt es gute Vorschläge für neue plebiszitäre Elemente. Wir sollten sie aber nicht als Alternative zu unserem parlamentarischen System verstehen, sondern als Stärkung seiner Glaubwürdigkeit. Es geht nicht darum, den gewählten Repräsentanten die Entscheidungen plebiszitär abzunehmen, sondern primär darum, den Einfluss der Bürger auf ihre Auswahl zu erhöhen. Das Ansehen der Parteien wird darunter nicht leiden, sondern wachsen.

Vertrauen entsteht nicht durch mächtige Schaltzentralen, sondern durch Personen. Das menschliche und politische Niveau ist für den Ruf des Parlaments maßgeblich. Trotz aller Minderung des legislativen Einflusses gegenüber der Exekutive dürfen wir keinesfalls den Anspruch an den Bundestag preisgeben, Forum der Nation zu sein. Es geht um mehr als um Gesetze. Der Bundestag hat eine Führungsaufgabe, die über die politischen Tagesthemen hinausreicht. Bei aller weltanschaulichen Neutralität unserer Demokratie kommt es ihm zu, die Grundfragen unserer Zeit in einer Weise zu diskutieren, die die Öffentlichkeit packt, zur Orientierung der Gesellschaft beiträgt und unter den Bürgern weiterlebt.

Wir besinnen uns mancher großer Debatten im Bundestag, in denen sich die Bürger wiederfanden, an denen sie teilnehmen konnten, die ihr Bewusstsein nachhaltig prägten. In der alten Bundesrepublik zählten dazu die ersten leidenschaftlichen Auseinandersetzungen über die Wiederbewaffnung und später ganz besonders über die Ostverträge, danach über den Staatsnotstand oder die strafrechtliche Verjährung von Mord und Verbrechen gegen die Menschlichkeit, schließlich über die Reform des Paragrafen 218 StGB und über die Entscheidung zwischen Bonn und Berlin in der Hauptstadtfrage. Die Diskussion über die Gentechnologie kam im Jahre 2001 dazu. Jährlich hat die Debatte über das souveräne parlamentarische Grundrecht des Haushaltsgesetzes ihr besonderes Schwergewicht.

Das Parlament braucht seine Fraktionen. Meinungsverschiedenheiten gilt es zunächst in den eigenen Reihen auszutragen. Nicht jedem politischen Streit gebührt der Rang einer Gewissensfrage. Toleranz und Disziplin sollten nicht gegeneinander ausgespielt werden. Sie sind zwei Seiten derselben Medaille. Dennoch kommt es letzten Endes auf die Überzeugungskraft und den Charakter des einzelnen Mitglieds des Hauses an. Bei allen parlamentarischen Debatten, die zu Sternstunden wurden, waren es nicht Parteien, sondern Persönlichkeiten, die im Gedächtnis haften blieben. Ich nenne hier nur als Beispiele Herbert Wehner und Franz Josef Strauß, die mit ihrer elementaren Kraft von Rede und Widerrede das Haus und die ganze Öffentlichkeit in ihren Bann schlugen. Sie machten vor, wie die politische Demokratie von Streit und Entscheidung lebt. So stärkten sie das unentbehrliche Zutrauen der Bürger zum Parlament.

*Fernsehstaat und transpolitische Cyberwelt*

»Alles, was der Mensch treibt, kultiviert ihn«, schrieb Goethe vor zweihundert Jahren. Kultur ist Lebensweise, die uns erlaubt, human zusammenzuleben. Zur politischen Kultur gehört es, eine Verbindlichkeit unter Menschen zu schaffen, damit wir die Dinge regeln können, die wir fürs Leben brauchen, aber nur gemeinsam schaffen können. Dies sind die öffentlichen Angelegenheiten, eben die res publica.

Zwar sind wir an eine Konfrontation zwischen Bürgergesellschaft und Parteien gewöhnt. Aber wichtiger ist die Einsicht, dass wir unter dem Einfluss neuer Entwicklungen auch in einem Boot sitzen. Private Medien und neue Informationstechnologien treiben ihre Interessen und Möglichkeiten tief in unsere öffentlichen Angelegenheiten hinein, und dies oft ohne Rücksicht auf die politischen Folgen. Wir sind gemeinsam davon betroffen, wenn die Produktion, die Kontrolle und der Verkauf von Informationen und Urteilen zu bestimmenden Faktoren in der Gesellschaft werden. Die Frage ist, wie sich Parteien und Bürgergesellschaft verhalten sollen, um die res publica in eigenen, verantwortlichen Händen zu behalten.

Um sich Publikum und Gehör zu verschaffen, suchen Politiker eine möglichst intensive Teilnahme an Medienereignissen. Wer will ihnen dies im Medienzeitalter vorwerfen? Doch sind die politischen Probleme oft gar nicht das Hauptmotiv einer Sendung. Vielmehr soll diese primär der Unterhaltung der Zuschauer und dem Profit der Veranstalter dienen. Dutzende von Fernsehprogrammen stehen zur Auswahl, die allermeisten auf privater, kapitalistischer Basis. Sie sind es, die heute einen massiv gewachsenen Einfluss auf die allgemeinen Vorstellungen der Menschen von Leben und Welt haben. Je höher wir als Fernsehkunden die Einschaltquoten der Sender treiben, desto mehr Werbeaufträge werden erteilt, und desto näher kommen die Unternehmer der Sender ihrem Ziel, dem Profit.

Der Erfolg von Medienkampagnen geht auf Ursachen zurück, die sich bereits vor dem Fernsehen entwickelt hatten. Schon José Ortega y Gasset und später Pier Paolo Pasolini haben den wachsenden »Konsumismus« beschrieben und angeprangert. Je mehr die Orientierung am Konsum steigt, desto schwerer haben es geistige und auch politische Maßstäbe.

Politik wird zur Ware auf einem Markt, der die besten Erträge für Unterhaltungsangebote verspricht. Politik wird in Unterhaltung verwandelt. Politische Kandidaten müssen einen Medienakzeptanzwettbewerb bestehen. Professionelle »Kundenneugierexperten« vermitteln ihnen ein Bild der politischen Bürger als Kunden. Politik wird zu einem Medienspektakel. Der Einfluss von Medien- und Werbeagenturen nimmt unübersehbar zu. Clevere Werbeagenturen gewinnen Schlüsselpositionen in den Parteizentralen. Unter dem Einfluss verführerischer Angebote für die Fun-Gesellschaft orientieren sich die Argumente oft weniger an den Problemen als an der Kurzweil von Quiz und Kampf, von Schlagfertigkeit und geschossenen Toren. Sofern Wähler beim Pop sind, zieht es Politiker zum Pop. Dann sollen sich die politischen Programme auch dort als attraktiv erweisen. Mit Pop lässt sich bald jedes Image herstellen. Eine Demokratie der Audiovision etabliert sich. Aktualität wird zum entscheidenden Kriterium. Alles muss »live« sein, wenn es zählen soll.

Unverändert geht die Politik daraus natürlich nicht hervor, weder bei uns noch in anderen Demokratien. In Europa ist Italien dafür das jüngste Beispiel. Es gehörte in der Nachkriegszeit zu den traditionell besonders stark politisch engagierten europäischen Ländern. Aufgrund einer massiven, planmäßigen, privaten Medienkampagne hat eine nachhaltige Abwendung der Bürger von der Politik eingesetzt.

Neben solchen primär kapitalistischen Interessen steht die Entwicklung der Informationstechnologie. Kino, Bildschirm, Computer, Internet sind Quellen der Information und Kommunikation vor allem in der jungen Generation. Das, was dort anziehend wirkt, hat mit unserem herkömmlichen politischen System wenig zu tun. Zu lernen gibt es dort wenig über Bürgergesellschaft, öffentliche Aufgaben, Mitverantwortung für die Republik, Freude an der Politik. Vielmehr entstehen Privatheit und ganz neue Wege für persönliche Ambitionen.

Computerspiele sind harmlosere Etappen. Das berühmte Wort vom »bowling alone« von Robert Putnam, mit dem er griffig die Tendenz der Amerikaner zum Rückzug von den öffentlichen Angelegenheiten beschrieb, trifft die Sache schon besser. Vor allem im Internet öffnet sich die Chance, absolut ungebunden, unkontrolliert sich selbst neu zu erfinden, ohne vorgegebene Aufgaben und Verantwortlichkeiten, dem Signal »no roots« zu folgen. Darum geht es einer wachsenden Zahl von hochmobilen, säkularisierten hedonistischen »Einzelkämpfern«.

Zustimmung oder Ablehnung von Politikern interessiert sie nicht besonders. Es herrscht einiges Misstrauen und Desinteresse an der Grundidee einer Republik, an öffentlichen Sachen, am politischen System, an der Demokratie. Wer anfängt, daran zu glauben, dass wir die Dinge ohnehin nur allein schaffen, dagegen nicht gemeinsam, für den gehören Politik und Zukunft nicht mehr zusammen. Der baut an einer transpolitischen Cyberwelt.

Durch solche Entwicklungen sind Bürger, Gesellschaft und Politiker gemeinsam herausgefordert. Die Verführbarkeit der Parteien durch die Unterhaltungsbranche ist gewiss groß: Lieber viele Kunden mit Spaß und Spannung oberflächlich bedienen, als sie durch mühsame Erklärungen komplexer politischer Sachverhalte abschrecken. Aber wer wird bedient oder abgeschreckt? Es sind wir Bürger als Kunden des Systems. Und wir sind nicht wehrlos. Wir entscheiden über die Einschaltquoten. Wer seine Erleuchtungen über das Leben bei »Big Brother« sucht, soll sich über einen sachlichen Qualitätsrückgang bei der Politik nicht beschweren. Aber wir haben ja die Möglichkeit, die wachsende Zahl sehr qualifizierter Sendungen zu nutzen. Noch sind dort die Quoten niedrig. Wir können sie steigern und ihre Programme durch reges Einschalten fördern. Gerade auch im Zeitalter der Informations- und Medienrevolution geht es um nichts anderes als um den guten und unersetzlichen Sinn der Demokratie. Sie lebt von den Maßstäben, mit denen die Menschen heranwachsen.

Der Kern der Aufgaben für die Bürgergesellschaft liegt in der Erziehung und Bildung. Den Politikern mit einer anspruchsvollen und aufgeweckten Bürgerschaft zu begegnen, ist wichtiger und wirksamer, als ihnen die Verantwortung plebiszitär streitig zu machen.

Niemand kann verhindern, dass politische Entscheidungen oft kurzsichtig, opportunistisch und fehlerhaft ausfallen. Aber dass sie kontrolliert und korrigiert werden, dafür können wir alle miteinander sorgen. Das ist das demokratische System. Ihm vertrauen zu können, ist das Entscheidende. Politische Kritik durch aktive Bürger ist das Zeichen eines gesunden und lebendigen Systems. Die eigentliche Gefahr für die Politik droht durch eine privatisierte, entpolitisierte Stimmungslage. Es ist an der Zeit, dass Bürgergesellschaft und Politiker ihre Kräfte nicht im Konflikt untereinander vergeuden, sondern sich gemeinsam der republikanischen Ausbildung annehmen.

# V

# Die heutige deutsche Nation in Europa.
# Was ist westlich?

Seit 1990 ist Deutschland wieder ein vereinigter politischer Staat. Die Art und Weise seiner Entstehung ist neu in unserer Geschichte. 1848 sollte eine Revolution dorthin führen, doch es misslang. Die Reichsgründung des Jahres 1871 beruhte unmittelbar auf den vorangegangenen Kriegen.

Diesmal kam unser Staat durch internationale Übereinkünfte zustande. Es war der Zwei-plus-Vier-Vertrag der vier Siegermächte mit den beiden deutschen Staaten, begleitet und gefolgt von Erklärungen und Vereinbarungen mit Nachbarn, mit der Europäischen Union und dem Atlantischen Bündnis.

Unsere Grenzen werden von allen Nachbarn anerkannt. Wir selbst haben alte, während der Nachkriegszeit von Bonn aus im Hinblick auf einen möglichen späteren Friedensvertrag vorsorglich bereitgehaltene und rhetorisch recht laut beschworene Pläne zur Wiederherstellung Deutschlands in den Grenzen des Jahres 1937 endgültig begraben. Wir leben mit unseren neun Nachbarn ohne gegenseitige Forderungen und Ansprüche. Es herrscht Frieden mit uns, durch uns und um uns herum wie nie zuvor in unserer Geschichte. Unsere politische und unsere geographische Lage stehen in keinem Widerspruch zueinander.

Früher war das Deutsche Reich geostrategisch in einer europäischen Mittellage, die es als seine Besonderheit und Domäne empfand, bald im imperialistischen Sinne als den Bereich seiner Vorherrschaft, bald mit der friedlichen Absicht einer stabilisierenden Rolle als Brücke zwischen Ost und West.

»Mitteleuropa« war für viele zu einem Alptraum geworden, zumal für Frankreich. Die europäische Mitte wurde als politisch-kulturelle Krankheit beschrieben. Und doch blieb der Begriff stets voller wolkiger Unklarheiten. 1915 hatte Friedrich Naumann mit seinem Buch »Mitteleuropa« lebhaftes Interesse und neue Unruhe ausgelöst. Dabei gehörte dieser Lehrer von Theodor Heuss zu den historischen Denkern, die etwas anderes suchten und sagten als alle die Dinge, die den Verdacht einer deutschen Vorherrschaft bestärken konnten. Trotz mancher Formulierungen aus einem gebräuchlichen imperialistischen Vokabular ging es ihm vielmehr um eine Würdigung von Nationalitätenproblemen, um Verständigung und Friedensgebote in der Mitte, um ein positives Interesse an den Erfahrungen in der Wiener Doppelmonarchie, also um eine Warnung vor auch nur dem Geruch einer deutschen Dominanz.

Mit den zwei Weltkriegen war der Begriff »Mitteleuropa« verschwunden. Erst in der Zeit des Kalten Krieges erwachte er erneut, aber nicht auf deutschem Boden, sondern in den zum sowjetischen Machtbereich gehörenden Ländern der kontinentalen Mitte. Milan Kundera nannte jetzt Mitteleuropa den Teil, »der geographisch im

Zentrum, kulturell im Westen und politisch im Osten liegt«.

Von den beiden deutschen Staaten in der Zeit der Teilung hieß es, die Bundesrepublik sei der Osten des Westens, die DDR der Westen des Ostens. Aber in welchem Sinne? Als Speerspitze? Oder doch auch wieder als Brückenbauer? Darauf gab es kontroverse Antworten.

Einerseits waren Mauer und Stacheldraht gerade hier besonders unüberwindbar. Antikommunismus und Antikapitalismus waren gegeneinander gerichtete Staatsdoktrinen. Andererseits gab es auch Verständigungsversuche über die Grenzen hinweg. Noch bevor Willy Brandt als Kanzler die neue Ostpolitik einleitete, hatte die »Kammer für öffentliche Verantwortung« der Evangelischen Kirche in Deutschland 1968 eine Denkschrift über die »Friedensaufgaben der Deutschen« veröffentlicht, gemeinsam von den kirchlichen Gremien beider deutscher Staaten beschlossen, verfasst im Wesentlichen von Erhard Eppler und mir. Kerngedanke der Schrift war es, dass der Frieden im geteilten Europa vom Grade innerdeutscher Offenheit oder Spannung entscheidend gefördert oder gefährdet werden könne.

Im Zuge der Brandtschen Entspannungspolitik tauchte Mitteleuropa als Gedanke wieder verstärkt auf. Der Publizist Peter Bender schrieb: »Europa wurde von den Rändern her geteilt; wenn es wieder zusammenwächst, dann von der Mitte aus.« In ähnlichem Sinne sprach der spätere Bundesgeschäftsführer der SPD, Peter Glotz, vom Wunsch, Mitteleuropa zunächst als Begriff zurückzugewinnen und dann als Realität.

Nun aber ist der Ost-West-Gegensatz überwunden.

Wir stehen vor der Aufgabe, Europa zu vereinigen. Dabei stoßen wir allenthalben auf die Frage, was in einem europäischen Sinne westlich, was östlich oder einer Mitte zugehörig ist. Der alte Verdacht ist freilich abgestorben, dass das wiedervereinigte Deutschland vielleicht doch wieder eine mitteleuropäische Sonderrolle anstrebe. Mir wurde diese Erfahrung einmal auf eine eher erheiternde Weise zuteil. Am Ende meiner Amtszeit als Bundespräsident lud mich der alte Freund Václav Havel zu einem Abschiedstreffen nach Litomysl in die Tschechische Republik ein, zusammen mit den Staatsoberhäuptern von Polen, der Slowakei, Ungarn, Österreich und Slowenien. Zu siebt führten wir ein mehrstündiges Fernsehgespräch über die Zukunft Europas. Wir waren hierzu in einem alten Schloss von Wallenstein versammelt. Mein Platz befand sich unter einem großen Gemälde, welches – was ich erst später entdeckte – einen Sieg des Prinzen Eugen gegen die Franzosen darstellte. Dank unseres aus Prag stammenden Pariser Moderators wurde die Sendung in Frankreich ausgestrahlt. Havel und Walesa sorgten sich, dass wir Deutschen nun – das Bild von Prinz Eugen im Nacken – einem neuen Mitteleuropaverdacht im Sinne neuer Hegemonieträume ausgesetzt sein könnten. Doch waren diese Bedenken ganz unbegründet. Man freute sich bei unseren westlichen Nachbarn, zumal man dort auch auf einen fortwirkenden kulturellen Einfluss der Franzosen auf die Mitte vertraute.

Doch was sind wir Deutschen nun? Die Gründung unseres Nationalstaats hat nicht, wie 1871, neue Krisen nach sich gezogen. Vielmehr wurde es am Ende eine Wiedergründung zur Beilegung langer Krisen. Wir sind nicht mehr eine »postnationale Demokratie unter Nationalstaaten«, wie Karl Dietrich Bracher die westdeutsche Bundesrepublik in der Zeit der Teilung beschrieben hatte. Der ideologische Begriff einer »sozialistischen Nation« für die DDR ist untergegangen. Nach der Vereinigung sind wir jetzt eine Nation unter Nationen in Europa, unterwegs zu einer »Föderation europäischer Nationalstaaten« (Jacques Delors). Dies bedeutet: Wir werden uns in Europa weiter und enger zusammenschließen, aber wir werden nicht aufhören, Nationalstaaten zu sein. Jede Nation wird ihre Eigenart bewahren, so wie sie von ihrer Geschichte bestimmt bleibt.

Damit gilt es, auch über unsere nationale Herkunft noch einmal nachzudenken und uns der europäischen Zielsetzung für die kommende Zeit zu vergewissern.

Seinem großen Werk über deutsche Geschichte vom Ende des alten Reiches bis zur Wiedervereinigung hat Heinrich August Winkler den bedeutungsschweren Titel »Der lange Weg nach Westen« gegeben. Das ist ein lapidarer Titel. In der Tat, erstmalig und unverrückbar sind wir auf eine Bündnispartnerschaft mit den Westmächten eingegangen. Die Grundlage dafür sind nicht nur unsere Übereinstimmung in den auswärtigen Interessen, sondern vor allem unsere volle Gemeinsamkeit in den innerstaatlichen Prinzipien. Sie umfassen den Schutz der Menschenwürde, demokratische Freiheit und Rechtsstaat, Zivilgesellschaft und politischen Pluralismus, Mehrheitsprinzip und Minderheitenschutz, Marktwirtschaft und sozialen Ausgleich. Dafür hat sich die wohlbegründete Bezeichnung »westlich« eingebürgert. Über die geschilderten Grundsätze wird es keinen Streit geben, wenn Europa sich auf den Weg der Vereinigung macht. Damit ist aber die Frage durchaus noch nicht beantwortet, ob wir also auch zu einem »West-Europa« zusammenwachsen.

Europa ist unterwegs, sich selbst zu finden. Dies wird ihm nur dann gelingen, wenn es sich auch politisch zum Charakteristikum seiner geistigen Entwicklung bekennt: zur Einheit in der Vielfalt. Sie ist unsere kulturelle Erfahrung. Politisch müssen wir sie noch lernen.

Gemeinsam sind uns nun die Werte von Freiheit, Recht und Gerechtigkeit, die zu einer europäischen Mitgliedschaft gehören. Vielfältig aber sind die Wege, die jedes Land dorthin genommen, und die Beiträge, die es zum System des Ganzen geleistet hat. Beides gilt es zu würdigen.

### Über Vorgeschichte und Sonderweg der Deutschen

Für uns Deutsche ist deshalb eine Verständigung über den Sonderweg nötig, den wir beschritten haben. Er ist voller Eigenart, von schweren Fehlleistungen ebenso geprägt wie von historisch bedeutsamen, ja unverzichtbaren Beiträgen zu einer positiven europäischen Entwicklung.

Noch einmal also müssen wir bei den Ursachen jenes barbarischen Irrwegs einsetzen, der am 8. Mai 1945 sein Ende fand. Wir alle wissen, dass wir dieses Datum nicht vom 30. Januar 1933 trennen dürfen. Doch wir müssen wesentlich weiter zurückgehen. Wie können wir die Entwicklung zu diesem Irrweg aus den tieferen Quellen unserer Geschichte zwingend ableiten?

Bedeutende Analysen liegen zu dieser Frage vor. Dabei kommen deutsche Mythen, religiöse Haltungen ohne politischen Common Sense, Kultur ohne Zivilisation, Romantik ohne freiheitliche Aufklärung, alte, universalistische Reichsansprüche, preußischer Militarismus und Untertanengeist ohne Demokratie zur Sprache. Vielfach ist von einer unheilvollen und folgerichtigen Kontinuität des deutschen Sonderwegs abseits vom Westen die Rede, also ohne Einfluss durch ihn oder auf ihn.

Historische Modelle werden angeboten, die solche zwingenden Abläufe belegen sollen. Manche Deuter greifen dafür gar noch hinter das hohe Mittelalter zurück. Dabei muss ich zunächst an Schulbücher aus der Nazizeit denken. Unmittelbar vor meinem Abitur 1937 wurden wir noch einmal über Hermann den Cherusker als den Retter vor den fremden Römern und über Karl den Großen als den fremdrassigen »Sachsen-Schlächter« belehrt. Das war und bleibt ebenso abwegig in sich selbst, wie es uns gewiss auch zu keiner ernsthaften Analyse über Zusammenhänge bis in unsere Zeit hinein verhilft. Schon Ralf Dahrendorf erheiterte sich über die »Tacitus-Hypothesen«.

Ein hochbedeutsames und bis heute wirkendes Echo löste eine große Rede von Thomas Mann aus, die er Ende Mai 1945 in Washington hielt. »Deutschland und die Deutschen« war sein Thema. Er war es, der von jenem übernationalen, universalistischen Konzept des mittelalterlichen deutschen Reichs ausging, welches sich mit dem nationalen Selbstverständnis anderer europäischer Länder nicht vertrug. Von dort aus spürte er den Folgen der geistigen Entwicklung nach.

Luther sei ein »mittelalterlicher Mensch« gewesen. Er habe Unfreiheit, Unmündigkeit und Untertänigkeit nach innen erzeugt. Nur nach außen sei ein deutscher Freiheitssinn gerichtet gewesen. Dieser Freiheitsdrang sei geradezu auf innere Unfreiheit hinausgelaufen. Die Kraft zu einer Revolution habe gefehlt.

Von Luther aus verfolgte Thomas Mann den Weg der »Innerlichkeit«, den »Ausdruck jener schönsten deutschen Eigenschaft«. In einem Atemzug nennt er den Teufel von Martin Luther und den Mephisto des »Faust« und erblickt in ihnen »eine sehr deutsche Figur«. Stellt er aber damit nicht eine allzu kühne Verwandtschaftsthese auf? Goethe mochte Luther gar nicht, wahrscheinlich auch nicht dessen Teufel, und hätte gewiss seinen Mephisto gern gegen jenen in Schutz genommen.

Luthers Reformation ist für Thomas Mann die »große Geschichtstat der deutschen Innerlichkeit« mit ihren Konsequenzen eines gespaltenen Abendlands. Er spürte eine geheime Verbindung des deutschen Gemüts mit dem Dämonischen auf, mit dem Abstrakten und Mythischen, voller tiefer und belebender romantischer Impulse, aber »gegen den philosophischen Intellektualismus und Rationalismus der Aufklärung«, fern der Vernunft. Die Deutschen erscheinen ihm als das Volk »eines Aufstandes der Musik gegen die Literatur, der Mystik gegen die Klarheit«. Er geht so weit, Musik als »chaosträchtige Widervernunft« zu bezeichnen, alles gestalte sich schlechthin unpolitisch – eine »machtgeschützte Innerlichkeit«, in obrigkeitsstaatlicher Praxis erprobt und bewährt.

Die Frage bleibt, wie weit dieser feinfühlige und unvergleichliche Schriftsteller uns damit wirklich den Einblick in eine schlüssige Kontinuität eröffnet, die das unselige Ergebnis zu erklären vermag. Mehr oder weniger ungewollt hat er mit seinem Lutherbild einen Ansatzpunkt für die Aufzählung von »Vorläufern« geboten, wie sie im In- und Ausland oft als die Glieder einer zusammengehörigen, bei Hitler mündenden Kette gedeutet wurden.

Die geschichtliche Rolle von Preußen hat dabei zentrale Bedeutung. Das Reich wurde bis 1945 weithin als ein preußisches Deutschland empfunden, auch von Thomas Mann. Heinrich August Winkler zählt in seinem Buch negative Stimmen über Preußen auf. Unter anderem zitiert er den großen Ökonomen Wilhelm Röpke, der Preußen einfach als den »bösen Geist Deutschlands« charakterisierte. So spricht nicht nur ein gebürtiger Hannoveraner, so denken viele.

Die Siegermächte lösten nach dem Zweiten Weltkrieg den Staat Preußen ausdrücklich und formell auf. Damit sollte ein Staatsprinzip getroffen werden, dem man die Verursachung des ganzen Unglücks zuschrieb, zumal die preußische Staatsidee des Dienens, die Sebastian Haffner mit den Worten beschreibt: »Haltung und Selbsterhaltung«, die Abwehr westlicher Liberalität, die Unfähigkeit zur Verbindung von Einheit und Freiheit, eben der Sonderweg des Deutschen Reichs.

Die Kette der »Vorläufer« besteht aus bekannten geschichtlichen Gestalten. Am häufigsten anzutreffen ist der bis zum Klischee verdichtete Zusammenhang von Luther über den Alten Fritz, Bismarck und Wilhelm II. bis zu Hitler. Zweifellos können wirkungsmächtige Persönlichkeiten einen tiefen Einfluss auf die Zukunft haben. Gewiss hat jede Geschichte auch ihre Vorgeschichte. Dennoch ist Vorsicht geboten mit unserem Hang, Geschichte vor allem als Material zur Deutung unserer Gegenwart zu begreifen.

Jede Zeit ist zunächst und primär sie selbst. Man sollte Rankes Worte nicht vergessen, die er der Hegelschen Schule entgegenhielt: »Jede Epoche ist unmittelbar zu Gott, und ihr Wert beruht gar nicht auf dem, was aus ihr hervorgeht, sondern in ihrer Existenz selbst, in ihrem eigenen Selbst.« Man wird keinem der genannten »Vorläufer« gerecht, wenn man ihn primär als Vorgeschichte des nächsten interpretiert und auf diese Weise eine Linie bis zur Anhäufung allen historischen »Mülls« beim letzten, nämlich Hitler, zieht. So müssen wir uns bemühen, jede Zeit als eine Epoche der Vergangenheit zu verstehen, die mehr ist als Vorgeschichte für uns.

### Luther als »Vorläufer«

Luthers Wirkungen lassen sich in zahlreichen, oft einander widersprechenden Richtungen finden. Dass er mit seinem Protestantismus eindeutige Abgrenzungen der Deutschen gegen westliche Vorbilder erzeugt habe, ist schon deshalb nicht zwingend nachzuvollziehen, weil Deutschland in zwei konfessionelle Teile zerfiel und gemischtkonfessionell blieb. Es gab keinen auf Luther zurückzuführenden, ins Gewicht fallenden Verfassungsunterschied zwischen katholischen und evangelischen Landesteilen. Der Code Napoléon galt zum Teil auch bei

Lutheranern. Luther hat die Freiheit des Gewissens gepredigt. Dabei hat er Freiheit und Verantwortung paulinisch eng verbunden. Mit seinem »Untertan der Obrigkeit« plädierte er für eine Ordnungsethik, von der zweifellos keine Impulse für die freiheitlich solidarische Demokratie ausgingen. Aber es war auch kein Aufruf zu Passivität und Blindheit. »Jedermann sein eigener Priester«, damit erzeugte Luther auf deutschem Boden nichts weniger als Homogenität im Sinne eines disziplinierten Staates. Weit eher lässt er sich als eine Art Kulturrevolution verstehen.

Luthers eigene Einflüsse auf die konkreten Verhältnisse seiner Zeit gingen oft chaotisch kreuz und quer. Goethe hatte eine Abneigung gegen das politische Protestantentum, »die völkische Rüpel-Demokratie«; seine Kritik bezeugt aber etwas ganz anderes als die Sorge vor einer Luther-initiierten, unpolitischen, passiv-ergebenen Unfreiheit.

Thomas Mann erläuterte seinen Zorn auf Luther am schärfsten mit dessen Mitschuld am Sieg der Fürsten über die Bauern, wo er doch »der ganzen deutschen Geschichte eine glücklichere Wendung, die Wendung zur Freiheit hätte geben können«, zur ersten deutschen Revolution. In ihrem Museum für die deutsche Geschichte in der DDR wurde Luther freilich Jahrhunderte später als erster Revolutionär des Arbeiter- und Bauernstaats gefeiert. Man sieht: Es ging zu allen Zeiten durcheinander mit Luther, ausgelöst schon durch ihn selbst. Das Thron-und-Altar-Bündnis in der Kaiserzeit war kein glückliches Luther-Erbe. Aber es gab auch geordnete demokratische Konsequenzen in lutherisch geprägten Ländern wie zum Beispiel in Skandinavien. Das Luthertum war dort weder eine die Demokratie treibende noch sie behindernde Kraft.

### Der Alte Fritz als »Vorläufer«

Ein scheinbar besonders schlüssiges, in Wahrheit provozierend abwegiges Glied in der Kette der bösen »Vorläufer« ist der Alte Fritz, überdies selbst auch wieder Gegenstand lebhaften Interesses von Thomas Mann. Wo ist sein Platz in den Schilderungen der Innerlichkeit? Hineingewachsen war er in den militärischen Drillgeist seines Vaters, in die absolute Monarchie. Nachhaltig und angriffskriegerisch nutzte er sie in den ersten fünfundzwanzig Jahren seiner Regierung. Er war durch und durch ein einsamer Machtpolitiker. Aber wozu nutzte er die Macht? Wenige Tage nach seiner Thronbesteigung schaffte er die Folter bei Verhören ab, ließ zwei Zeitungen mit der Anweisung drucken: »Gazetten dürfen, wenn sie interessant sein wollen, nicht geniert werden.« Bald folgte die Maxime, jeder solle nach seiner Façon selig werden. Sein Anti-Machiavelli erschien. Die Welt jubelte einem Fürsten zu, der endlich die Vernunft über die Macht stellte.

Nach seinen Kriegen ging es ihm darum, die europäischen Nachbarn an die neue Macht Preußens friedlich zu gewöhnen. Noch folgte eine für keinen der Beteiligten rühmliche Tat, die erste Teilung Polens. Friedrich konzentrierte sich indes auf die Kräftigung seines Staates im Innern mit ziemlich revolutionären Schritten der Aufklärung. Er nahm viele Fremde auf, trieb die Bildung voran und reformierte vor allem das Rechtswesen. »Vor Gericht müssen die Gesetze sprechen, und der Herrscher muss schweigen.« Mit diesem für die damalige Zeit unerhörten Satz war er der erste Monarch, der elementare Schritte zum Rechtsstaat unternahm, auch wenn er bei der Durchsetzung seines Weges wenig Skrupel hatte. Denn er scheute sich nicht, wie aus dem berühmten Fall des Müllers Arnold bekannt, gegen die Unabhängigkeit der Justiz einzugreifen, um dem Kleinen gegen den Großen zu helfen.

Er setzte sich demonstrativ vom Staatsbild Ludwigs XIV. ab. Friedrich trennte den Staat vom Monarchen: nicht »l'état, c'est moi«, sondern der Monarch als der erste Diener des Staates. Das geschah in einer Epoche, der wir in allen Himmelsrichtungen unersetzliche geistige Wegweisungen der moralischen und politischen Vernunft durch Immanuel Kant aus Ostpreußen verdanken.

Nirgends in Europa, gewiss auch nicht im Westen des Kontinents, gab es damals für Aufklärung und Rationalität so viel konkrete politische Impulse und Anwendungen wie durch Friedrich. Sie hatten und behielten ihren prägenden Anteil an dem, was wir heute »westlich« nennen, auch für Amerika. Friedrich und Benjamin Franklin, die beiden Philosophen, schlossen ein Jahr vor dem Tod des Preußenkönigs einen Freundschafts- und Handelsvertrag. Sie machten erstmals Menschenrechte, wie wir sie verstehen, zum Bestandteil völkerrechtlicher Abmachungen. Noch Jahrzehnte später nannten die Amerikaner Friedrich den einzigen europäischen Souverän, bei dem sie mit ihren liberalen und erleuchteten Grundsätzen Gehör gefunden hätten.

Gewiss bedeutete das hohe Maß von Aufklärungsförderung durch den Monarchen Friedrich noch keine Politisierung, geschweige denn Demokratisierung der Bürger. Und schließlich: Seine elementare, tiefe Liebe zur Musik, die ihn, den Verfasser von Gedichten und unzähligen philosophischen Texten, gewiss nicht zum »Aufstand der Musik gegen die Klarheit« verführte, selbst sie dürfte Thomas Mann kaum beunruhigen. Denn der absolute Monarch ist ja nicht identisch mit dem Volk.

Dennoch zeigt gerade die historische Gestalt dieses Fürsten, dass man ihm nur in seiner eigenen Zeit gerecht werden kann, dagegen nicht mit dem in der Tat verhängnisvollen Mythos, in den er vor dem Ersten und dem Zweiten Weltkrieg durch führende politische und oft leider auch geistige Stimmen verwandelt und als Waffe missbraucht wurde.

Wilhelm II. sah sich selbst 1914 als Reinkarnation Friedrichs des Großen, indem er auf die schwere Bedrängnis verwies, in der sich Friedrich im Siebenjährigen Krieg gegenüber einer übermächtigen Koalition von Feinden befunden hatte. Zum selben Zeitpunkt schrieb Thomas Mann: »Deutschland ist heute Friedrich der Große. Es ist sein Kampf, den wir zu Ende führen... Es ist auch seine Seele, die in uns aufgewacht ist.« So hatte Thomas im Gegensatz zu seinem Bruder Heinrich Mann gesprochen, indem er die Gefühle weiter Teile der Bevölkerung ausdrückte. Jahrzehnte später hing im Arbeitszimmer Hitlers bis zum Schluss, sogar noch im Bunker der Wilhelmstraße, ein Porträt des Preußenkönigs, ein Spiegelbild eben nur des Mythos, nicht das Bild der historischen Gestalt selbst.

Es war die verderbliche Folge der Mythisierung geschichtlicher Gestalten – in der Verherrlichung und Verdammung gleichermaßen verführerisch und unhistorisch, bis zu Barbarossa, dem Kyffhäuser und der nachgebauten Kaiserpfalz in Goslar. Sie erfolgte in Zeiten und durch Personen, die unfritzischer nicht hätten sein können. Und sie verstellte den Blick auf Größe und Abgründe im Wesen und Wirken Friedrichs. Er war kein Mensch, den es zu vergöttern galt, aber eine staunenswerte Gestalt, die ein unsentimentales, charakterstarkes und reformbereites Gemeinwesen hinterlassen hat.

Das Deutsche Reich österreichischer Prägung war nach der Französischen Revolution zu Ende gegangen. In der Zeit Napoleons traten die preußischen Reformer hervor. Als einer von ihnen schuf Freiherr vom Stein die Grundlagen zur kommunalen Selbstverwaltung, der Keimzelle und der hohen Schule der Demokratie. Er knüpfte an die Stadtrechte an, die für die Städtebildung in Europa weithin prägend gewesen und zumeist deutschen Ursprungs waren, zumal aus Magdeburg. Die Militärreformer verlangten einen kritischen und mitdenkenden Gehorsam. Sie wurden zu Vordenkern des weit späteren Leitbilds von Staatsbürgern in Uniform. Clausewitz' Geist wurde zum Besitz der Welt.

Wilhelm von Humboldt war der Inspirator eines Hochschul- und Bildungswesens, das weithin zum Vorbild wurde und blieb. Zu den wichtigsten Gründen für die Schwächen Frankreichs während des 19. Jahrhunderts zählte der französische Präsident François Mitterrand, wie er es mir in mehreren Gesprächen schilderte, dass sein Land die Bedeutung der preußischen Reformer nicht verstanden habe, nicht nur der militärischen, sondern primär der Bildungsreformer. Er formulierte damit geradezu eine kleine Umkehrung der gängigen Deutungen: nicht nur zu wenig segensreicher Einfluss des westlichen auf den östlichen Nachbarn Preußen, sondern auch in der entgegengesetzten Richtung zu wenig Einsicht des Westens in positive Beiträge aus der Mitte. Mitterrand ging so weit, ganz generell einen scharfen Gegensatz zwischen Preußen und Hitler zu sehen, und er war damit nicht der Einzige. Überdies war der Freistaat Preußen unter dem sozialdemokratischen Ministerpräsidenten Otto Braun in der turbulenten Weimarer Zeit der wahrhaft demokratische und bestverwaltete Teilstaat in Deutschland. Und im späteren Widerstand gegen Hitler spielte Preußen eine zentrale Rolle.

In der Mitte des 19. Jahrhunderts folgte die Revolution des Jahres 1848. Gemeinhin gilt sie für uns Deutsche als die gescheiterte Revolution. Der Aufstand, von der Begeisterung weiter Teile der Bevölkerung vorangetrieben, wurde schließlich gewaltsam unterdrückt. Das Parlament in der Paulskirche endete erschöpft. Man war weder durch das Verlangen nach Einheit zur Freiheit noch durch den Schwung der Freiheit zur Einheit gelangt. Österreich blieb in seinem Vielvölkerstaat gebunden. In Preußen herrschte nun zunächst einmal die Reaktion.

Trotz alledem brachte die Frankfurter Nationalversammlung große Leistungen von bleibender Wirkung hervor. Ihr Kern und Herzstück lag in Beschlüssen zu den Grundrechten und zum Rechtsstaat. Parteien begannen zu entstehen, von Beginn an bis in die Gegenwart eher unbeliebt in der Bevölkerung, aber unentbehrlich. Schon Freiherr vom Stein hatte gesagt, dass »Spaltung in Parteien besser als in Stände« sei.

Auch für eine gesamteuropäische Entwicklung spielte das Jahr 1848 eine prägende historische Rolle. Es war nicht der Westen allein, der der Epoche seinen Namen gab. Der Völkerfrühling entfaltete eine breite Spur aus allen Richtungen des Kontinents, von Palermo über Paris, Berlin, Frankfurt und Wien bis zu Petöfi nach Budapest.

### Deutschland ohne Revolutionen

Deutschland und die Revolution – ein durchwachsenes, leidvolles Kapitel. Einmal schon hatte es auf deutschem Boden eine Quasi-Revolution von oben gegeben. Es war die bereits ausführlich dargelegte Umwandlung seines Staates durch den Alten Fritz. Damals war es sein Ziel, als absoluter Monarch die Gedanken von Aufklärung und Vernunft zur Grundlage von staatlicher Ordnung und Gerechtigkeit zu machen.

Nach dem in Frankfurt verfehlten, liberal-revolutionären Ziel der Einheit in Freiheit folgte nun eine andere Revolution von oben. Es war die Gründung des Deutschen Reichs auf kriegerischem Weg und durch Entscheidungen der Fürsten. Bismarck hatte die Lehren der Paulskirche gründlich studiert. Er nahm sie nur dort auf, wo es ihm unumgänglich erschien, und auch dann noch widerwillig genug. Unter Wilhelm II. entwickelte sich eine etwas offenere innere Lage, aber immer noch deutlich jenseits von Demokratie und politisch beteiligter Bevölkerung. Zwischen Geist und Macht herrschte weithin eine hartnäckige unfruchtbare Spannung, ganz entgegen dem besseren Beispiel unseres französischen Nachbarn. Auf unserem deutschen Sonderweg verlief nun die Geschichte, mit unserer bestimmenden Rolle hinein in die beiden Weltkriege und in das Grauen des Nationalsozialismus.

Heinrich August Winkler und vor ihm vor allem Rudolf Stadelmann in »Deutschland und Westeuropa« haben sich intensiv mit den Revolutionen von unten und oben bei uns und im Westen beschäftigt. Schon im 18. Jahrhundert wurde auf beiden Wegen nach einem gerechten, sauberen Staat anstelle von purem Absolutismus und Feudalherrschaft gesucht. Aus dem Glauben an Vernunft und Gerechtigkeit sollte Realität werden. Dafür revolutionierte Friedrich sein Land von oben. Ihm folgte Joseph II. in Österreich.

Schon zuvor hatte Großbritannien seine puritanische und seine »glorreiche« Revolution erlebt. Preußen und Österreich hatten ihre Monarchien in der zweiten Hälfte des 18. Jahrhunderts der Aufklärung überantwortet und wurden darum weithin beneidet. Dort herrschten die beiden »Voltairianer auf dem Thron« (Stadelmann). Auf ihre Weise hatten sie bei sich ein »Ancien Régime« überwunden.

Beim westlichen Nachbarn half dagegen nur noch die Französische Revolution. Aber dafür Bewunderung aufzubringen, sahen damals Berlin und Wien, ebenso wie London, keinen Grund, zumal sich die Verhältnisse in Paris alsbald zum revolutionären Jakobinertum steigerten. Stadelmann macht auf die Meinung Goethes aufmerksam, die dieser noch viel später wie folgt äußerte: »Revolutionen sind ganz unmöglich, sobald die Regierungen fortwährend gerecht und fortwährend wach sind, so dass sie ihnen durch zeitgemäße Verbesserungen entgegen kommen und sich nicht so lange sträuben, bis das Notwendige von unten her erzwungen wird.«

Groß dagegen war die Zuneigung von Friedrich ebenso wie von Kant für die amerikanische Revolution. Dort ging es ja nicht um den Aufstand gegen ein Feudalsystem, sondern um Unabhängigkeit und aufgeklärte Menschenrechte. Überdies hat Napoleon noch als junger General bekanntlich die Büste von Friedrich dem Großen zwischen denen von Mirabeau und Washington aufstellen lassen.

Doch nach Friedrich, nach den preußischen Reformern und trotz des Idealismus des liberalen Bürgertums in Frankfurt ging es bei uns mit den aufgeklärten Reformen zur Demokratie nicht weiter. Bismarck war mit dem Ziel der Reichsgründung und nach ihrem Erreichen mit dem einer europäischen Balance beschäftigt. Seither sprechen wir vom Gegensatzpaar »revolutionär« oder »reaktionär« als der moralischen Probe aufs Exempel.

Dennoch gilt es zu erkennen, dass es nicht allein und durchaus nicht primär die Reaktionäre waren, die uns um eine freiheitliche Revolution brachten. Vielmehr waren es die frühzeitigen bedeutenden deutschen Beiträge zum Gedanken und zur Praxis der aufgeklärten Verfassungsgeschichte. Dies hat paradoxerweise unsere weitere Entwicklung sowohl befördert als auch behindert. Es hat die westlichen Demokratien zunächst befruchtet und dann doch die Übereinstimmung mit ihnen allzu lange verzögert.

Der deutsche Sonderweg nahm seinen Gang. Daneben ging es aber durchaus nicht gleichförmig zu. Es gab keine gemeinsame Entwicklung aller anderen, auch nicht der westlichen Länder. Darauf verweist vor allem Peter Graf Kielmansegg in seinem umfassenden Werk »Nach der Katastrophe«. Er schildert viele Beispiele, darunter den Bonapartismus im französischen 19. Jahrhundert, viel später den Bürgerkrieg der Spanier, den Faschismus in Italien.

Jedes Land hat seinen eigenen Weg, geprägt von eigener Überlieferung und Atmosphäre, von auswärtigen Konflikten und nicht zuletzt auch von seiner geographischen und damit zugleich geopolitischen und geoökonomischen Lage. Inselreiche sind stets in einer besonderen Situation. In höherem Maß können sie ihr eigenes Leben führen. Das gilt nicht nur für Großbritannien oder für Japan, sondern auf seine Weise auch für Amerika, dieses riesengroße Land ohne die Erfahrung bedrohlicher Nachbarn, durch zwei Weltmeere inselgleich geschützt. Auch Halbinselländer und kontinentale Nationen mit ausgeprägter Küstenlage verfügen über ein größeres Maß an Sicherheit für ihre Eigenständigkeit als andere Völker, die rings von Land und Nachbarn umgeben sind und die darüber hinaus oft unterschiedliche Ethnien, Religionen und Nationalitäten zu beherbergen haben.

Am Ende sind Sonderwege das Charakteristikum einer jeden Nation, auch wenn – und weshalb – ich den unsrigen in seiner Bewertung nicht an dem der anderen messen will. Um noch einmal Stadelmann zu zitieren:

»Nicht im Charakter, sondern eher im Schicksal der Deutschen liegt ihre Sonderart begründet.«

*Mitteleuropa*

Nicht in Amerika und Großbritannien, nicht in den Niederlanden und Frankreich allein hat sich entwickelt, was wir heute »westlich« nennen. Unverwechselbar und unverzichtbar sind auch Beiträge aus der europäischen Mitte. Bereits gegen Ende des 18. Jahrhunderts hatten sich die Polen als erstes europäisches Volk eine geschriebene Verfassung gegeben. Wer die gemeinsamen geistig-philosophisch-politischen Wurzeln unseres Kontinents in vier Namen zusammenfassen wollte, könnte Platon und Locke, Montesquieu und Kant nennen. Preußens König Friedrich brach der Sehnsucht nach einer gerechten Regierung Bahn. Ihm folgte eine ähnliche Denkrichtung des Kaisers Joseph II. mit seinem »Toleranzpatent«, das in der Lombardei erprobt wurde. Zusammen mit Cesare Beccaria und anderen italienischen Denkern kam es zu einer Justizreform, die nicht Vergeltung und Sühne sucht, sondern anstelle von Folter und Todesstrafe eine Rechts- und Lebenshilfe für den Täter anstrebt – umstritten bis heute. Zur »Josephinischen Revolution« gehörten die Aufhebung der Leibeigenschaft in den böhmischen Ländern und ein Verdikt gegen die Zensur. In Prag wehte die Luft der Geschichte. Die Emanzipation der Juden schritt voran. Später empfanden die galizischen Juden den Kaiser Franz Joseph geradezu als ihren Schirmherrn.

Karl Schlögel hat uns eine Beschreibung der Mitte gegeben, »der Raum mit den wandernden Grenzen, der Verflechtung der diversen Kulturen, Sprachen und Bekenntnisse, der Nichtübereinstimmung von Staat und Nation, die Mischzone aus ebenso produktiven wie explosiven Übergangs- und Grenzlandschaften«. In der Doppelmonarchie wurde es möglich, Patriot und Weltbürger zugleich zu sein. An ihren Grenzen gab es eine Osmose, einen allmählichen Übergang zwischen den Slawen, den Lateinern, den Germanen, den Magyaren, stets multinational, voller Impulse für Toleranz und Kraft, ein »Vorläufer« für unsere Zukunft. Was Europa aus seiner Mitte empfangen hat und für seine Zukunft braucht, ist die Erfahrung und Fähigkeit zum Zusammenleben in der Vielfalt, im Ausgleich von Individuum und Gesellschaft.

Von zentraler Bedeutung war dabei stets die Kultur, die ja kein politikfreier Paradiesgarten geistiger und künstlerischer Eliten ist, sondern Lebensweise und Überlebenskraft. Mit größtem Nachdruck zeigte sich dies während des Kalten Kriegs, als die historisch verwurzelten kulturellen und gesellschaftsbildenden Ideen den Eisernen Vorhang überdauerten und schließlich überwinden halfen. Die Teilung Europas hatte in der Mitte auseinander gerissen, was zusammengehörte. Zwar waren früher Nationalkulturen entstanden. Was aber ins Auge sprang, war gerade ihre Verwandtschaft: Wilna, das Jerusalem des Ostens, und Lemberg, Warschau und Dresden, Krakau und Budapest, Prag und Wien, Triest, Pressburg und auf seine Weise auch Berlin sind für das unbefangene Urteil Schwesterstädte.

Trotz der Teilung blieben die wesentlichen Impulse der Verwandtschaft erhalten. Ein geistiges Mitteleuropa lebte kräftig fort. Der ungarische Aufstand 1956 war dafür ein Zeichen. Kaum war 1968 der Prager Frühling ausgebrochen, erlebte ich in Marienbad ein unvergessenes erstes und vertieftes Gespräch zwischen Atheisten und christlichen Theologen aus Ost und West.

Künstler und Intellektuelle schufen eine Streit- und Protestkultur. Die Gründer der Charta 77 in Prag bezeugten dies ebenso wie Adam Michnik in der Solidarność-Bewegung. Der ungarische Schriftsteller György Konrád lieferte, als er noch ein verfolgter Dissident im eigenen Lande war, unverblümte prägende Beiträge zur »zivilen Gesellschaft«, die bis heute auch Ansporn im Westen sind. Mit seinem Werk »Antipolitik« und anderen Schriften gab er einer blocküberwindenden Kultur Ausdruck, um den als gefährlich und primitiv empfundenen Zustand des bipolaren Weltmodells aus der Mitte heraus zu überwinden und um einer geteilten Welt von Jalta eine Vision von Mitteleuropa entgegenzusetzen. Konrád – Vorbild eines europäischen Republikaners.

Die politische Kraft der Kultur aus der Mitte Europas trug maßgeblich zur Wende des Jahres 1989 bei. Dissidenten hatten großen persönlichen Mut bewiesen. Nun mussten sie auch zur Übernahme von Verantwortung in hohen Ämtern bereit sein. Über Nacht wurde Václav Havel – »Havel na Hrad«, »Havel auf den Hradschin« hatten die Demonstranten gerufen – zum Präsidenten seines Landes gewählt. Sein Kollege in Ungarn wurde der Anglist Arpad Göncz. In Rumänien wurde der Philosoph und Kunsthistoriker Andrei Pleşu Außenminister. An die

Spitze von Estland trat der Kulturwissenschaftler Lennart Meri. Alle waren glücklich und dankbar, nunmehr wieder mit dem Westen zusammenzugehören, dessen Freiheit ihnen so lange vorenthalten geblieben war, ohne dass sie aber im Geringsten ihren eigenen Platz in Europa preiszugeben bereit gewesen waren. Exemplarisch dafür ist, was Präsident Meri vor ein paar Monaten in Berlin öffentlich sagte. Über den bevorstehenden Beitritt Estlands in die Europäische Union äußerte er: »Der Inhalt dieses Kapitels bildet die Rückkehr Europas an die Ostsee. Nicht die Rückkehr Estlands nach Europa, denn Estland hat Europa nie verlassen. Estland ist stark und treu geblieben. Europa war es, das aus unterschiedlichen Gründen schwach und treulos gewesen ist.« Wir alle kennen die Ereignisse, auf die er sich bezieht.

Um es noch einmal zu wiederholen: Es bedarf keines Streites darüber, was wir heutzutage unter »westlich« verstehen: Es ist die innere Ordnung einer zivilisierten Gesellschaft in einem demokratischen Rechtsstaat mit geistiger und politischer Liberalität. Im Laufe der Geschichte sind Beiträge zu dieser »Westlichkeit« aus allen Richtungen Europas geleistet worden. Mittlerweile ist sie um den ganzen Globus herumgewandert.

Spezifisch für uns Deutsche gilt, dass unsere politische Verfassung, die wir »westlich« nennen, und unsere außenpolitische Partnerschaft im westlichen Bündnis von uns als zusammengehörig empfunden werden. Für die ganze Welt ist dies durchaus nicht typisch. »Westliche« Länder ohne vergleichbare Westbündnisse finden sich überall, in Indien etwa oder in Schweden, in Costa Rica oder Südafrika.

Spezifisch für unseren eigenen Kontinent gilt, dass wir am Wendepunkt stehen. Ganz entgegen seiner historischen und geistigen Entwicklung war er durch das politische Machtgefüge in Ost und West auseinander gerissen. Durch den Fall der Mauern wird es damit sein Ende haben. Wir können und wir müssen Europa wieder als Ganzes denken. Dies ist auch der Weg für uns Deutsche.

Niemand will sich aus dem Westen heraus und zurück ins alte Mitteleuropa stehlen. Auch kennen wir den Drang vieler Menschen in der östlichen Hälfte des Kontinents, endlich auch an den westlichen Vorzügen teilhaben zu können. Sie dabei aber in ihrer eigenen Gegend, mit ihren eigenen Erfahrungen und Anteilen zu würdigen, ohne die auch die westliche Entwicklung zum Teil anders hätte verlaufen können, darum geht es.

Wir wollen für die künftigen Mitgliedsländer der Europäischen Union nicht noch einmal auf den Begriff der »Beitrittsgebiete« zurückgreifen, an den wir aus unserer deutschen Vereinigungserfahrung nicht die beste Erinnerung haben, weil er für viele nach einem genehmigten Aufstieg in die Westklasse klingt. Sondern wir wollen uns mit den Ländern, auf die wir so lange warten mussten, nun mit ihren und unseren Verdiensten zu einem gemeinsamen Europa verbinden.

Es geht also nicht um Osterweiterung Westeuropas, sondern um Vollendung des Ganzen. Auf diesem Wege zu sich selbst ist heute Europa, ohne das Präfix »West-«.

# VI

# Europa
# in der Welt von morgen

Mit dem Jahr 1989 ist Europa an die Schwelle seiner Vereinigung gelangt. Aus zwei Hälften auf friedlichem Wege ein Ganzes zu machen, ist keine Utopie mehr. Es ist aber auch nichts weniger als ein Automatismus. Vielmehr ist eine gewaltige Anstrengung erforderlich, für die es in der ganzen Weltgeschichte bisher kein Beispiel gibt.

Aus welchen Gründen dürfen wir überhaupt darauf hoffen? Welche Einsichten können das gewohnte Beharrungsvermögen traditionsgebundener Länder überwinden? Welche Interessen für Europa sind stark genug, um in den durchweg nationalen Entscheidungsprozessen demokratisch durchsetzbar zu werden?

Man hat sich ja im Laufe des 20. Jahrhunderts daran gewöhnt, dass Europa seine einst zentrale Rolle in der Weltpolitik gegen einen weit bescheideneren Platz eintauschen musste. Werden wir uns für die Zukunft damit abfinden? Haben wir Grund dafür? Sind wir unseren Nachkommen und auch der Welt gegenüber dazu überhaupt berechtigt?

Der Welt gegenüber – in welcher Welt von morgen wird sich Europa finden? Nach Jahrzehnten des Kalten Kriegs konstatieren wir zunächst fundamentale Veränderungen. Es gibt keine Sowjetunion mehr. Der Warschauer Pakt ist verschwunden. Unser eigenes Land ist staatlich wieder vereinigt. Die Apartheid in Südafrika ist beendet; eine schwarze Mehrheit regiert. Indien und Pakistan haben Atomwaffen. Zwischen Nord- und Südkorea gibt es die ersten amtlichen Gespräche und private Verwandtenbesuche. Aus China sind keine Maoismus-Missionare mehr unterwegs. Das Riesenreich hat sich dem Markt verschrieben und wird bald der Welthandelsorganisation (WTO) beitreten. Die Achtung der Menschenrechte nimmt im Großen und Ganzen zu; dies wird zum Motor für Fortschritte im Völkerrecht.

### Globale Herausforderungen

Daneben stehen gigantische ungelöste Herausforderungen. Noch immer wächst die Erdbevölkerung in gefährlichem Umfang. Von gegenwärtig ungefähr sechs Milliarden Menschen nähern wir uns in den nächsten zwanzig Jahren einer Zahl von acht Milliarden. Nur bei uns in Europa nimmt die Bevölkerung ab. Indien hat die Milliarde erreicht, das langsamer wachsende China nähert sich den eineinhalb Milliarden. Auf die Frage, warum sein Land bei der Geburtenkontrolle so viel weniger erfolgreich sei als China, antwortete mir der ehemalige indische Staatspräsident Venkataraman lapidar: »Weil wir eine Demokratie sind.«

Zu den Folgen der Bevölkerungsexplosion zählt das kontinuierliche Anwachsen der Mega-Städte von zehn Millionen Menschen und mehr. Sie sind auf dem Wege, ihren Anteil an der Weltbevölkerung zu verdoppeln.

Überall steigt die Zahl der Migranten, der Vertriebenen und Flüchtlinge. Der Druck auf wirtschaftlich besser gestellte Regionen, zumal auf Europa, nimmt zu. Dennoch werden sich die Wanderungsströme primär in den jeweiligen kontinentalen und klimatischen Regionen auswirken.

Unerbittlich sind die Gefahren der globalen Ökologie. An einer allmählichen drastischen Klimaerwärmung und Unwetterzunahme gibt es kaum noch ernsthafte Zweifel. Durch den Treibhauseffekt verändern sich die Meereshöhen. Sie bedrohen Inseln und kontinentale Küsten. Schon mäßig steigende Temperaturen treiben die Vegetationsgrenzen weg vom Äquator in Richtung auf die Pole, mit existenziellen Folgen für das Leben von Hunderten Millionen Menschen.

In den reichen Teilen der Erde verschwenden wir Land und zerstören Biovielfalt mit unserem wild gesteigerten Konsum. Die Folgen dieses Verbrauchs von Land, verstanden als Begriff für ökologische Reserve, exportieren wir in Entwicklungsländer, deren lebensnotwendige Ausfuhren allzu oft nur durch Naturverbrauch zu erreichen sind. Wenn die ganze Erdbevölkerung von sechs Milliarden Menschen sich heute schon so verhalten würde wie wir, oder ärger, wie die Nordamerikaner, dann würden wir ökologisch das Vierfache unserer Erdoberfläche benötigen. Der Hauptmangel wird immer weniger die Arbeitskraft und immer mehr die Natur.

Der Energiebedarf wird nach ziemlich zuverlässigen Schätzungen in fünfzehn Jahren um ungefähr fünfzig Prozent steigen. Es gibt mancherlei Anstrengungen, um einen Rückgang des Ölverbrauchs zu erreichen. Der große Ölkonzern BP (British Petrol) propagiert gelegentlich, das Kürzel stehe für »Beyond Petrol«, um auf seine Förderung alternativer Energiequellen aufmerksam zu machen. Das Volkswagenwerk kündigt das Ein-Liter-Verbrauchsauto an. Doch ein wirkliches Licht am Ende des Tunnels ist bisher nicht sichtbar.

Weit problematischer noch ist der fehlende Zugang zu sauberem Wasser. Drei Milliarden Menschen sind davon bedroht, ungefähr die Hälfte der Weltbevölkerung.

Mit zwingendem Recht bezeichnet die Millenniumserklärung der Vereinten Nationen die Beseitigung der Armut in weiten Teilen der Welt als unsere größte moralische und politische, ökonomische und wiederum ökologische Aufgabe. Es geht in der Erklärung darum, die Gefahren und die Chancen der technologischen und wirtschaftlichen Globalisierung gerechter wahrzunehmen und eine weitere Marginalisierung der ärmsten Teile der Welt zu verhindern.

Je weiter wir in die Zukunft blicken, desto klarer zeigt sich, wie stark wir als Nationen und als Union Europas von den geschilderten Entwicklungen betroffen sind und an ihnen mitwirken. Wir haben lebhafte Interessen und eine große Mitverantwortung am weiteren Gang der Globalisierung. Gegenwärtig gibt es über sie weltweit Auseinandersetzungen. Globale Wirtschaftskonferenzen werden von Protestwellen begleitet. Wer für die Armen auf die Barrikaden geht, hat das Recht auf seiner Seite. Nicht ebenso Recht haben Regierungen, wenn sie eingeschüchtert und mit Entschuldigungen auf die Globalisierung reagieren.

Zweifellos besitzen Technologie, private Wirtschaft

und Kapital ihr Wirkungsfeld über alle Grenzen hinweg. Das elektronische Weltnetz erreicht jedes Land ohne Rücksicht auf die jeweilige Regierungsform. Neben der privaten Wirtschaft entwickeln sich globale zivilgesellschaftliche Verbindungen. Dadurch ist die verantwortliche Kraft der politischen Führungen aber nicht nachhaltig unterminiert. Die Regierungen sind weder entlastet noch wehrlos. Sie können den Zugang zum technologischen Fortschritt fördern, Telekommunikation, Erziehung und Berufsausbildung voranbringen. Der Weg zur Schulbildung für alle Kinder ist eine zentrale entwicklungspolitische Schwerpunktaufgabe für uns Europäer. Globalisierung kann Bildung, Beschäftigung, Produktivität und Einkommen steigern. Was von der Politik getan werden kann, hängt zumeist vom politischen System und auch vom Mut in den betreffenden Ländern ab. In Asien heißt es, dass es die Art und Weise des politischen Umgangs mit der Globalisierung sei, die den Hauptunterschied für eine positive oder negative Entwicklung ausmache. Als Beispiele werden einerseits Malaysia und Südkorea, andererseits Burma und Nordkorea genannt.

Ein globaler Finanzmarkt leitet heute riesige Kapitalströme mit größter Geschwindigkeit in oft unvorhersehbare Richtungen, wo sie rasch den höchsten Ertrag erzielen sollen. Umso notwendiger wird es, nach rechtlichen Strukturen Ausschau zu halten, die das gegenwärtige »soft law«, also die unverbindlichen Empfehlungen des Weltfinanzwesens, in erzwingbare verbindliche Rechtsregeln verwandeln. Dies ist schon deshalb dringend geboten, um die transnationalen Ansteckungsgefahren und Dominoeffekte bei wirtschaftlichen Krisen zu mindern.

Es waren nicht die Reichen, die den letzten schweren Krisen in Asien entgegengewirkt haben. Am meisten hat vielmehr die relative Solidität und Stärke der chinesischen Währung zur Stabilisierung der Region beigetragen. Europa hat sich dabei verhältnismäßig verantwortungsvoll verhalten.

Zu den wichtigsten Herausforderungen und Chancen, den Welthandel als eine wirkliche Stütze für den Weltfrieden zu nutzen, zählt die Welthandelsorganisation (WTO). Die nahe Zukunft wird zum Prüfstein. Das bedeutendste Beispiel ist wiederum China. Schon seit den fünfziger Jahren hatten asiatische Führungen, vor allem der indische Premierminister Nehru, für eine aktivere Aufnahme Chinas in bestehende Weltstrukturen plädiert, gegen den anhaltenden, oft erbitterten Widerstand vor allem aus dem Westen, zumal aus den USA. Inzwischen hat Deng Xiaoping sein Land im Innern der Marktwirtschaft zugeführt. Dann öffnete Zhu Rongji, der heutige Ministerpräsident Chinas, sein Land wirtschaftlich nach außen. Nun konkurrieren die Investoren aus allen Teilen der Welt auf dem riesigen Markt. Es war eine der letzten Taten des amerikanischen Präsidenten Clinton vor dem Ende seiner Amtszeit, vielleicht seine folgenreichste, den amerikanischen Kongress zur Zustimmung für einen Beitritt Chinas in die WTO zu bewegen.

Wie weit sich die Grenzen der reichen für die Produkte der armen Länder wirklich öffnen werden, darin liegt die Bewährungsprobe der Welthandelsorganisation. 1948 mit 23 Mitgliedern gegründet, umfasst sie heute 134 Mitglieder. Ihr multilaterales Abkommen, nämlich die schiedsgerichtliche Jurisdiktion für Sanktionen, richtet sich gegen die Länder, die ihre Handelsverpflichtungen verletzen. Dies stellt einen der ersten und wertvollsten Erfolge zum schrittweisen Aufbau der dringend benötigten globalen Regelwerke dar.

### *Reformbedürftige UNO*

Die Vereinten Nationen wurden vor 55 Jahren als die zentrale Institution der Weltgemeinschaft gegründet. Damals war die wichtigste Aufgabe, ein globales Instrument für die Rechte und Verantwortlichkeiten der Länder zu schaffen, noch ganz unterentwickelt. Im Vordergrund stand vielmehr das Ziel, am Ende des Zweiten Weltkriegs den Ausbruch eines dritten zu verhindern. Danach richteten sich die Organe der UNO. Ihr einzig wirklich machtvolles Gremium wurde der Sicherheitsrat.

Aber was bewirkt er denn nun wirklich, um die Sicherheit der gegenwärtigen Erdbevölkerung zu stärken? Das, was die Mehrheit der Menschen in ihrer Lebenssicherheit heute bedroht, beruht auf Ursachen, die den Gründern der UNO vor einem halben Jahrhundert kaum bekannt waren. Es sind all die schon genannten Gefahren: Überbevölkerung, Hunger, Armut, Seuchen, Wassermangel, Naturzerstörung, Flüchtlingselend. Der Sicherheitsrat denkt primär in Kategorien der Macht und des militärischen Handelns. Zumal unter den heutigen Bedingungen wird er damit aber dem Namen nicht gerecht, der ihm gegeben ist. Immerhin hat er in diesem Jahr erstmals ein zentrales Problem der Weltgesundheit durch die Bedrohung von Aids auf die Tagesordnung gesetzt, dank der Aktivität von Generalsekretär Kofi Annan.

Eine Reform der UNO ist dringend geboten. Wenn nicht Mitgliedschaft, Vetorechte und die Tagesordnung, also das Arbeitsfeld des Sicherheitsrats, radikal verändert werden, bedarf es neben ihm, aber mit ebenbürtiger Macht, eines Sozialrats und eines Wirtschaftsrats. Sie hätten sich in die Aufgaben der Erziehung und Gesundheit, der Menschenrechte und Migration, der Lage der Frauen und Kinder, des Schutzes der kulturellen Vielfalt, der globalen Herausforderungen von Ökologie, Technologie und Ökonomie zu teilen. Der Internationale Währungsfonds und die Weltbank wären einzugliedern, was bisher nicht der Fall ist.

Der Weg zu diesen Reformen ist noch unübersehbar weit. Europa als Ganzes hat daran ein lebhaftes Interesse, bisher aber wenig dazu beigetragen. Frankreich und Großbritannien fürchten um ihre Privilegien als ständige Vetomitglieder im Sicherheitsrat. Umso gewichtigere Beiträge sollte Deutschland liefern, über die nur wenig eindrucksvolle Forderung nach einem ständigen Sitz im Sicherheitsrat hinaus. Unsere Aufgabe ist nicht das Streben nach mehr Macht in den antiquierten UNO-Strukturen, sondern ein kräftiger Impuls für eine energische Initiative der Europäer zur überfälligen UNO-Reform. Wenn Europa zusammenwächst und den Willen dazu findet, werden auch viele andere Mitglieder der Vereinten Nationen helfen.

Im Lichte solcher weltweiter Herausforderungen stehen wir vor der Frage, wer in der Zukunft welchen Einfluss suchen und haben wird, um ihrer Herr zu werden. Wie steht es also um die Konzentration oder um die Verteilung und Ausbalancierung der Machtverhältnisse in der künftigen Welt?

*Robuste Supermacht Amerika*

Die einzig verbliebene Supermacht USA haben wir in der bisherigen Geschichte auf sehr unterschiedliche Weise erlebt. Amerikaner haben einen missionarischen Impuls. Präsident Woodrow Wilson brachte ihn zum Ausdruck, als er beim Kriegseintritt seines Landes schon Ende 1917 erklärte, Amerika müsse politisch und wirtschaftlich Druck ausüben: »to make the world safe for democracy«. Doch als nach Kriegsende der Völkerbund gegründet wurde, verschwand Amerika in der Isolation, mit fatalen Folgen vor allem für Europa. Als dann aber der Ausgang des Zweiten Weltkrieges unsicher wurde, kam Amerika nach Europa zurück, um sich für Freiheit, Demokratie und Menschenrechte einzusetzen.

Bei Kriegsende und Teilung unseres Kontinents schien Jalta der neue Name für Europas Schicksal zu sein. Doch nun übernahmen die Vereinigten Staaten von Amerika eine eindrucksvolle, weltweite Führungsrolle. Unter ihrer Initiative entstanden die Vereinten Nationen mit ihren Unterorganisationen von UNICEF über WHO, UNHCR bis zur UNESCO. Währungsfonds und Weltbank wurden gegründet. Später kamen die Welthandelsagenturen hinzu, zunächst GATT, heute WTO.

Mit der Marshall-Hilfe führten sie ein großherziges

und weitsichtiges Wiederaufbauprogramm ein, das für Partner und Gegner bestimmt war. Die Sowjetunion ließ aus ihrem Machtbereich niemanden daran teilhaben. Diesseits des Eisernen Vorhangs aber wurden damit aus ehemaligen Feinden neue Partner. Amerika hatte eine wahrhaft globale Funktion übernommen, kraftvoll und weithin balanciert, verantwortungsbewusst und visionär, gestützt auf Berechenbarkeit und Partnerschaft. Es gab auch einige weniger gelungene Kapitel. Aufs Ganze gesehen aber kennt die Geschichte keine Beispiele für ein vergleichbares Verhalten einer Weltmacht.

Dank seiner Verbindung von Stärke und Entspannungswillen brachte das Atlantische Bündnis unter amerikanischer Führung den Kalten Krieg zu einem friedlichen Ende. Heute gibt es keinen Zweifel an der umfassenden Vormachtstellung der USA, mit ihrer Wirtschaftskraft, ihrem Kapital und Handel, mit ihrer Informations- und Überwachungstechnologie, ihrer biotechnischen Forschung, ihrer Rüstungsmacht, ihren Weltraum- und Raketenabwehrambitionen, selbst mit ihrem ständig zunehmenden Eindringen in alte Kulturzentren durch Software, Populär-Konsumkultur und »way of life«, sei es manifest oder vorerst noch unterschwellig. Sie sind an ihrem alten Ziel: »second to none«. Welchen Gebrauch werden die Amerikaner von alledem machen? Bisher zeigen sich ambivalente Auswirkungen. Einerseits wollen sie nicht die Rolle des Weltpolizisten spielen. Sie streben nach keinen neuen Territorien. Im Vergleich zu den alten Römern und anderen Welteroberern kann man in der Tat die Amerikaner als die zögerlichste Hypermacht der Geschichte bezeichnen, wie dies gelegentlich geschieht.

Andererseits sind sie, was niemanden verwundern darf, in der Vertretung ihrer Interessen durchaus ungeniert und machtbewusst. Im Zuge des jüngsten Wechsels der Administration in Washington kam es zu zahlreichen amerikanischen Ankündigungen, die man kaum anders als einen neuen Unilateralismus deuten konnte. Hinzu trat ihre immer deutlichere Abneigung, sich weltweiten Regelungen zu unterwerfen, sofern sie sich diese nicht selbst gegeben hatten, von ihrer Reserve gegenüber dem ganzen UNO-System bis hin zum neu geschaffenen internationalen Strafgerichtshof. Unilateralismus erscheint uns Europäern im Grunde wie die andere Seite des Isolationismus, zwei Seiten derselben Münze einer Währung, die uns nicht sehr willkommen ist.

Dabei wird es aber nicht bleiben. Amerika ist ein riesiges, oft selbstgenügsames Land. Seine Bürger verhalten sich völlig normal, wenn sie mit ihren eigenen Angelegenheiten vollauf beschäftigt sind. Henry Kissinger hat immer wieder seine eigene wichtigste Mission darin gesehen, seinen Landsleuten gerade wegen ihrer Gewohnheiten nahe zu bringen, dass Amerika ohne eine eigene Außenpolitik nicht auskommt. So ist es auch, und jede amerikanische Führung im Weißen Haus und im Kongress wird ganz unausweichlich in aktiver Verbindung mit den meisten Teilen der Welt sein. Verständigungen werden notwendig, und dies wird einen Unilateralismus in den Hintergrund drängen.

Aufs Ganze gesehen ist die Richtung nicht sehr klar, in die die Welt während der kommenden Jahrzehnte steuert. Gegenwärtig gibt es eine unübersehbare Machtverteilung, aber sie ist keine neue Weltordnung, wie 1990 durch Präsident Bush angekündigt, sie ist ohne Zentrum, ohne Balance.

Zugleich wachsen neue Weltmächte heran, an der Spitze China, auf andere Weise Indien, allen gegenwärtigen Schwächen zum Trotz allmählich auch wieder Russland, Japan und, wer weiß, eines Tages auf ihre Art die Europäische Union.

## *China*

China ist voller Dynamik. Dieses Riesenreich zusammenzuhalten ist die gewaltige Aufgabe. China strebt, wie schon erwähnt, mit Macht in die Welthandelsorganisation, ohne im Geringsten die damit verbundenen Probleme überspringen zu können. Die Führung folgt ihrem Kurs einer Marktwirtschaft, mit der sie alle deren unerwünschten Fehler für das politische System vermeiden will, die sie Gorbatschow für die Sowjetunion ankreidet. Dieser hätte nicht klar genug vorausgesehen und später nicht mehr verhindern können, dass die gewährten und für die Wirtschaft benötigten Freiheiten sich auf eine ihm unwillkommene Weise zu politischen Freiheiten auswüchsen.

Die chinesische Elite äußert sich sehr klar: Eine globale Unipolarität sei auf die Dauer schon aus Sicherheitsgründen nicht hinnehmbar. Die Führung zeigt sich ganz allgemein davon überzeugt, dass die kommenden Jahrzehnte von einem Wettbewerb um die Führung der Welt zwischen ihrem Land und den USA geprägt sein werden. So ähnlich deutet man es ja auch in Amerika, das in den

Chinesen keine strategischen Partner sieht, sondern den Hauptkonkurrenten.

Gegenwärtig durchlaufen die Beziehungen der beiden Länder zueinander eine Grauzone. Beide haben wechselseitig gewaltige Handelsinteressen, welche wachsen werden, allen Konflikten um Menschenrechte zum Trotz. Auf die Dauer bedarf aber gerade diese Wettbewerbslage dringend eines gewissen Maßes an Absprachen für gemeinsame Sicherheit. Amerika lässt keinen Zweifel daran aufkommen, dass es Taiwan vor einem kriegerischen Vereinigungsübergriff Pekings schützen würde. Doch ist ein solcher Angriff höchst unwahrscheinlich. Allen Konflikten zum Trotz wachsen das chinesische Festland und Taiwan langsam Schritt für Schritt zusammen. Die gewaltigen Kapitalinvestitionen und Besucher aus Taiwan auf dem Festland sind dafür ein Beleg. Umso wichtiger ist es, dass Amerika mit hinreichender Eindeutigkeit an seiner politischen Prämisse eines zusammenwachsenden Chinas festhält.

Eine im amtlichen Auftrag unlängst erstellte langfristige amerikanische Studie spricht von einer bevorstehenden geostrategischen De-facto-Allianz zwischen China, Russland und Indien als Gegengewicht zu den Vereinigten Staaten. Für diese Prognose gibt es in der näheren und ferneren Zukunft keine große Wahrscheinlichkeit. Dies gilt zunächst für Indien. Mühsam kämpft sich dieses Ein-Milliarden-Volk voran. Neben seinen kommunikationstechnologischen Spitzenleistungen und der weltweit gesuchten indischen Software-Intelligenz lebt dort immer noch annähernd eine halbe Milliarde Menschen in Armut. Populismus, dieses scheinbar unausrottbare demokratische Erzübel, blüht dort unverdrossen. Dennoch haben wir immer wieder Grund zu staunen, wie Indien mit seinem stets wachsenden Bevölkerungsdruck eine lebendige Demokratie von der kommunalen über die regionale bis zur zentralen Regierung praktiziert.

Indien ist auf lange Zeit viel zu sehr mit sich selbst beschäftigt, um jenen amerikanischen Sorgen wegen einer Allianz mit China und Russland Nahrung zu geben. Indiens sicherheitspolitische Anstrengungen bis hin zur eigenen atomaren Rüstung und einem zu hohen Militärbudget konzentrieren sich auf den Dauerkonflikt mit Pakistan über Kaschmir. Mit China gibt es tief gehende Antagonismen, nicht zuletzt beim Handel durch eine wachsende Abwehr gegen chinesische Importe zu Dumpingpreisen. Amerika wird dagegen von den Indern als Investor und Handelspartner intensiv herbeigewünscht. Ebenso wachsen die indischen Interessen und Erwartungen an die künftige große Europäische Union ständig weiter heran.

Auch Russland wird kaum, wie jene amerikanische Studie als Möglichkeit andeutet, in einer Art strategischer Allianz mit China und Indien zu finden sein. Gespräche und Verhandlungen zwischen Russland und China wird es immer wieder geben. Auch mögen sie sich meistens auf derselben Seite gegenüber amerikanischen sicherheitspolitischen Vorstellungen finden. Ein Bündnis dürfte aber daraus kaum werden. Die Größe beider Länder, die äußerst komplexe Geschichte zwischen ihnen, die Vielfalt wie auch die Gegensätzlichkeit vieler ihrer gegenwärtigen Interessen sprechen dagegen.

## Russland

Und Russland selbst? Ist es noch oder wird es wieder Weltmacht? Es hat nie aufgehört und wird auch niemals aufhören, sich so zu verstehen. Doch auf lange Zeit wird es mit sich selbst und wird alle Welt mit ihm Geduld benötigen. Es wird aber seinem Selbstverständnis eigener Weltgeltung wieder näher kommen, und wir wären fahrlässig, ihm die Kraft dazu nicht zuzutrauen.

Nach wie vor ist Russland eine geo- und waffenstrategische Großmacht. Durch seine Ausdehnung ist und bleibt es das größte Reich der Erde mit gewaltigen Bodenschätzen. Nach der Ablösung vieler Teile aus dem ehemaligen Sowjetimperium kämpft der russische Präsident gegenwärtig um die territoriale Integrität des Landes. Das ist sein zu Hause überaus populäres Hauptmotiv für den Tschetschenien-Krieg. Eine engere Verbindung mit ehemaligen sowjetischen Republiken, bis hin zum Ziel einer späteren Wiederangliederung, macht gegenwärtig zweifellos Schwierigkeiten, dürfte aber als langfristige Perspektive in Moskau gewiss nicht zu den Akten gelegt werden.

Die Sicherheitspolitik bleibt für Russland von großem Gewicht. So paradox es auch klingen mag, das Land fühlte sich im Kalten Krieg durch den Schutz der vereinbarten atomaren Balance sicherer als gegenwärtig. Auch wenn Amerika eine Aufkündigung dieser Balance de facto angedeutet hat, wird es zweifellos zu weiteren Kontakten zwischen den beiden Mächten kommen.

Das wichtigste Ziel für die Zukunft sieht Moskau ganz allgemein im allmählichen Anschluss an die Weltgemeinschaft, zumal an den Weltmarkt. Den Weg dorthin suchen die Russen in erster Linie über Europa. Es liegt im vitalen Interesse wie auch in der Verantwortung von uns Europäern für Stabilität und Frieden, darauf mit Behutsamkeit und Konsequenz einzugehen. Mit den Amerikanern teilen wir das Interesse, dass Russland keinen Anlass zu einem Verdacht liefern darf, es wolle die zukünftige echte Unabhängigkeit von Staaten wie der Ukraine, Georgien oder Aserbaidschan gefährden. Es wäre im Hinblick auf ein späteres europäische oder weltweites System sinnvoll, einen gemeinsamen Wirtschaftsraum der Europäischen Union unter Einbeziehung Russlands zu gründen.

Noch auf lange Zeit wird Russland mit gewaltigen Schwierigkeiten zu kämpfen haben. Die Russen sind keine geborenen Händler wie die Chinesen. Die Zerstörung der Selbstversorgung dieses ursprünglich so reichen Agrarlandes, also die früheste und schlimmste programmatische Sünde Stalins, ist noch nicht überwunden. Der militärisch-industrielle Komplex aus der Sowjetzeit ist bisher nicht wirklich entflochten. Die Schulden des Landes sind gigantisch, die Korruption noch allgegenwärtig.

Zu den heilsamen Zwängen zählt ein moderat-konsequenter Modernisierer an der Spitze des Landes. Zuweilen helfen glückliche Umstände vorwärts, zum Beispiel hohe Weltmarktpreise für Öl und Gas, die bei weitem größte Einnahmequelle des Landes. Hinzu kommen beachtliche Fortschritte der Russen im ständigen Pipeline-Poker gegenüber amerikanisch protegierten internationalen Konzernen rund um das Kaspische Meer.

Putin bezeichnet Russland stets als »europäisches

Land«. Auch Gorbatschow hat dies getan. Das Bewusstsein vom riesenhaften asiatischen Rücken Russlands geht dabei nicht verloren. Die Orientierung aber ist primär westlich. Russland zählt nicht nur auf Kooperation mit uns, sondern ebenso wie China, Indien und andere Weltteile darauf, dass wir Europäer uns nun energisch aufraffen, eine wirklich verlässliche, kräftige, mitentscheidende Stimme, eine echte globale Macht in einer Welt von morgen zu werden, einer Welt, die nach neuer Balance sucht. Diese Welt entwickelt sich viel zu komplex, um langfristig unipolar wie heute zu bleiben. Dies ist die entscheidende Belehrung, die wir Europäer erhalten, wenn wir nach Europa in der Welt von morgen fragen.

*Ideale, Interessen und Kultur in Europa*

Einen weiten Weg des Zusammenwachsens haben wir während der letzten fünfzig Jahre in Westeuropa schon zurückgelegt. Dazu haben uns die schweren historischen Erfahrungen aus der Zeit des Nationalismus mit seinen beiden Weltkriegen ebenso motiviert wie die akuten Spannungen des Kalten Kriegs.

Einen wahrlich nicht minder weiten Weg haben wir noch vor uns. Wir müssen die Chancen ergreifen, die wir seit dem Jahr 1989 haben, um aus dem bisher geschaffenen, gelungenen Teil ein ganzes Europa zu machen. Die Hindernisse auf diesem Weg führen uns oft an den Rand der Erschöpfung, und sie scheinen gegenwärtig eher noch weiter zu wachsen.

Bald nach dem Krieg waren es weithin Ideale, die uns

politisch einen europäischen Schwung verliehen. Er fand sein tiefes Echo in der Bevölkerung. Mittlerweile sprechen wir von Interessen. Die Bürger vermissen den Durchblick. Sie fühlen sich zu wenig beteiligt. Gibt es heute ein ausreichendes, politisch tragfähiges und spontanes Gefühl, Europäer zu sein? Zweifellos nicht so wie das Gefühl, Amerikaner zu sein, auch wenn es dort noch so starke Gegensätze gibt, zumal zwischen Arm und Reich.

Nun sind wir bekanntlich nicht unterwegs zu den Vereinigten Staaten von Europa nach dem Muster der USA. Unser Ziel ist vielmehr die europäische Föderation von Nationalstaaten. Für sie gibt es weder in unserer Geschichte noch anderwärts ein Beispiel. Damit stellen sich nicht nur neue, bisher unbekannte schöpferische Aufgaben, um die nötigen Institutionen zu schaffen und klare Abgrenzungen zwischen europäischen und nationalen Zuständigkeiten zu vereinbaren. Sondern auch die elementaren Empfindungen der Bürger befinden sich unterwegs zu einem neuen, quasi doppelten Gefühl einer Zugehörigkeit zu Europa ohne den Verlust der heimatlichen Bindungen. So etwas kann nur langsam heranwachsen. Und es wird auch nur dann gelingen, wenn die gemeinsamen Interessen von uns Europäern jedermann klar erkennbar werden. Dies erfordert jedoch mehr Zeit und Kraft und Geduld, als uns die begrenzten politischen Legislaturperioden und das uns anerzogene »live«-Tempo der Medien gerne gewähren.

Reicht es überhaupt, allein auf Interessen zu setzen? Jean Monnet, der Stammvater der Integration, hatte mit seiner Europaidee bei der Montanindustrie angesetzt.

Sein erster politischer Schritt zielte auf die Wirtschaft. Später aber sagte er, wenn er noch einmal anfangen könne, würde er mit der Kultur beginnen. Vielleicht begreifen wir heute besser als damals, was er meinte. Es geht um die Überzeugung, dass wir für einen europäischen Fortschritt ein Bewusstein gemeinsamer europäischer Identität brauchen.

Mit Interessen allein kommen wir nicht voran. Denn auch wenn wir in einem langfristigen und weltweiten Sinne über sie einig sind, gibt es doch fast bei jedem nächsten konkreten Schritt nationale Interessengegensätze. Es ist aber nicht die europäische, sondern diese nationale Ebene, auf der sich die Politiker mit ihren Programmen durchsetzen und um ihre demokratischen Mandate kämpfen müssen.

Je mehr die europäischen Idealismen der Nachkriegsjahre entschwunden und nüchternen Interessen gewichen sind, desto wichtiger ist es für die Regierungen, auf ein Bewusstsein europäischer Identität bauen zu können, auch wenn diese, wie gesagt, sich nicht wie in Amerika auf eine gemeinsame politische Nation beziehen kann.

Der Kern dieses Bewusstseins ist die Kultur. Dieses Bewusstsein verständlich zu machen, zu pflegen und zu fördern gehört zu unseren wichtigsten Aufgaben in Europa.

Das ganz Besondere und Eigene Europas besteht in den vielen Nationalkulturen, die als unterscheidbare etwas Gemeinsamem angehören. Immer war es ihre schöpferische Kraft, sich das Auswärtige anzueignen und die anderen mit Eigenem zu bereichern. Nichts trennt die Völker mehr als kulturelle Arroganz. Nichts verbindet sie mehr als Kenntnis von anderen und Respekt für sie. Es relativiert nicht die Bindung an die eigene Kultur, sondern es bestärkt das Bewusstsein der eigenen Wurzeln.

In Europa kann kein Land Kultur nur als eine von den anderen europäischen Kulturen unterschiedene darstellen, sondern durchweg auch als eine Kultur, die mit denen der Nachbarvölker eng verwandt ist. Erst in dieser Verwandtschaft erkennt man sich selbst. Das ist es, was wir unter der europäischen Einheit in ihrer Vielfalt verstehen.

Oft werden griechische Philosophen, römisches Recht und Christentum als die Quellen der europäischen Kultur bezeichnet. So fundamental ihre Wirkungen auch waren, so reichen sie zum Verständnis doch nicht aus. Keine der großen Weltreligionen ist auf europäischem Boden entstanden. Die drei uns betreffenden monotheistischen, abrahamischen Religionen, das Judentum, das Christentum und der Islam, stammen aus dem Nahen Osten. Auch der Islam, der aus arabischen und osmanischen Gebieten nach Europa übergriff, hat seinen Anteil an der europäischen Überlieferung.

Europäisch ist die frühzeitige, wenn auch nicht allseits durchschlagende Selbständigkeit von Politik und Geist gegenüber den Kirchen und mächtigen Religionszentren. Die Herrscher ließen sich allenfalls krönen, aber im Laufe der Zeit immer weniger dreinreden. Im geistigen und im sozialen Bereich entwickelte sich weithin ein Laizismus. Er trug zur Toleranz in pluralistischen Gesellschaften und zur Blüte der Wissenschaften bei.

Nicht Religionen, wohl aber Philosophien und Ideologien, die rund um den Weltball gewandert sind, stammen aus Europa, Humanismus und Aufklärung, Marxismus und Kapitalismus.

Zur kulturellen Identität der Europäer gehören ihre Künste, zumal ihre Kunststile. Mit nur geringen zeitlichen Verschiebungen ergreifen Romanik, Gotik, Renaissance, Barock, Rokoko, Klassizismus, Romantik bis hin zum Jugendstil, ja bis zur Postmoderne die meisten europäischen Völker.

Unzählig sind die wechselseitigen Bereicherungen und oft auch die gemeinsamen Themen in der europäischen Literatur. In jedem Land bliebe Europa inhaltslos ohne Shakespeare und Joyce, ohne Balzac und Camus, ohne Cervantes und Ivo Andric, ohne Puschkin und Tolstoi, ohne Kafka und Musil. Und um nur einen Deutschen zu nennen: Ein bedeutender Franzose, André Suarès, der im Übrigen die Deutschen gar nicht mochte, schreibt in seinem Buch »Goethe – le grand Européen«: »Europa – das ist ein leeres Wort ohne ihn.« In der Folge der menschenrechtlichen Forderung nach Freiheit und Gleichheit finden sich große Dichtungen über das Leben der Frauen in der europäischen Literatur, Madame Bovary, Anna Karenina, Effi Briest.

In der Malerei entstehen allseits Werke gegen die Gräuel der Kriege, von Bosch und Breughel über Goya und Picasso bis zu Otto Dix.

Musik, die europäische Kunst par excellence, hat ihre ganz eigene Sprache. Sie ist unverkennbar in ihrer Wesensart und bedarf dennoch der Übersetzung nicht. Mit ihr erleben wir Menschen eine Art Pfingstwunder: Wir hören sie in allen Sprachen.

Überreich ist die europäische Kultur. Und doch scheint sie etwas von der Kraft einzubüßen, die die Menschen als gemeinsame Identität empfinden. Zwischen Kultur und Konsum herrschen fließende Übergänge. Neben großartigen Leistungen und neu entwickelten Ausdrucksformen der Künste sollen sie nun auch den Drang nach Entertainment und Fun zufrieden stellen. Die Technik mit ihren Erfindungen und viele Medien mit ihrem Gewinnstreben verschaffen starken Rückenwind und erzeugen verführerische Arten von prickelnder Massenkultur.

Gemäß der europäischen Überlieferung gehört Kulturpolitik zu den großen Aufgaben des Staates. Dieser ist für die Freiheit der Kultur ebenso wie für ihre Lebensfähigkeit wesentlich mitverantwortlich. Oft sind die Mittel zu knapp, die dafür vorhanden sind oder im Wettbewerb mit anderen Haushaltspositionen dafür bewilligt werden. Dann wird nach Sponsoren Ausschau gehalten. Die Amerikaner sind es, die die Muster dafür liefern. Doch sind die Voraussetzungen schwer vergleichbar. In Amerika gibt es nicht nur mehr Reichtum und günstigere Stiftungsgesetze. Darüber hinaus ist Kunst dort seit der Entstehung der USA nicht Sache des Staates, sondern der Bürger.

Wir können lernen, aber wir können und wollen deshalb nicht gleich Amerikaner werden. Wichtig sind Umfang und Richtung der öffentlichen Subventionen und des privaten Sponsorings. Ihr zentrales Ziel sollte die qualitative Förderung sein, nicht die quantitative. Doch kommen derzeit beinahe drei Viertel der Subventionen dem Starkult und dem Kulturkonsum zugute, nicht dagegen der Kreativität in der Kunst.

Kultur und kreative Kunst sind und bleiben aber nicht nur für die Happy few, sondern für normale Bürger völlig unentbehrlich. Der italienische Philosoph Norberto Bobbio beschreibt die Kultur als die »Bemühungen des Menschen, die ihn umgebende Welt zu verändern und weniger feindlich zu gestalten ... mit dem Ziel eines friedlichen Zusammenlebens.« Daran sind wir alle beteiligt, dafür sind wir mitverantwortlich. Verständigung ist eine Kunst. Sie gehört zur eigenen Existenz wie zum Funktionieren unserer Demokratie, die auf den Geist des Volkes gegründet, nicht ihm aufgepfropft ist. Ihre Qualität orientiert sich mehr noch an ihren Bürgern als nur an ihren Institutionen und Politikern.

Damit wir uns als Bürger immer von neuem darum bemühen, kommt es entscheidend auf eine aktive und innovative Kulturpolitik und Förderung an. Sie verdient keine geringere Kraft und Mittelzuwendung als die bekannten Felder der europäischen Wirtschafts- und Sozialpolitik. Denn wir werden unsere Integration nur mit Hilfe eines gestärkten Bewusstseins unserer gemeinsamen kulturellen Identität erreichen.

*Französisches Kulturbewusstsein*

Unter den Mitgliedsländern in der Europäischen Union nehmen sich unsere französischen Nachbarn dieser Aufgabe mit besonderem Nachdruck an. Gewiss, ihre Haltung entspringt ihrer nationalen Tradition, ihrer Faszination vom kulturellen Primat des eigenen Landes. Frühzeitig hatte sich ihr Nationalbewusstsein dadurch ins

Universelle erweitert, dass sie die eigenen Ziele zugleich als Menschheitsziele deuteten. Mit den Worten von François Ewald: Frankreich »erträumt sich seine eigene Geschichte wie die Erfüllung einer universellen Mission«. Je mehr sich diese Geschichte nun mit und durch Europa erweitert, desto energischer erwartet Frankreich die Einsicht seiner Partnerländer in die unersetzliche, für uns als Europäer spezifische Kraft der Kultur in der Begegnung mit der ganzen Welt. Immer wieder setzen Franzosen sich für die Vertiefung der Kultur nach innen und für ihre planmäßig geförderte Wirkung nach außen ein. Für dieses Beispiel sollten wir dankbar sein und ihm als Europäer gemeinsam nach Kräften folgen. Und wenn Paris sich auf diesem Wege kaum verhüllt als das Herz, die Seele und das Symbol Europas empfindet, dann ist dies für uns gewiss kein Grund zum Neid, sondern zur Freude und zu freundschaftlichen Wettbewerben.

Franzosen können sehr konkret werden, wenn es darum geht, das kulturelle Erbe zu bewahren, zu mehren, aber auch nach außen zu schützen. In diesem Sinne sperren sich französische Politiker gegen eine unwillkommene auswärtige Konsumkulturinfiltration. Bei einem Gipfeltreffen in Danzig 1993, das der trilateralen Zusammenarbeit zwischen Polen, Frankreich und Deutschland gewidmet war, erlebte ich charakteristische französische Äußerungen. Auf einer Pressekonferenz setzte sich zunächst der gastgebende Staatspräsident Lech Walesa für unsere Unterstützung des polnischen Wunsches zum baldigen Eintritt in die Nato ein. Zusammen mit ihm erörterte ich sodann die gemeinsame Aufgabe einer neuen, breiten und tiefen europäischen Kooperation zu dritt. Frankreichs Präsident François Mitterrand sprach als Letzter. Er behandelte nur ein einziges Thema: Er werde seiner Regierung eine Unterzeichnung des lange verhandelten Protokolls über den Welthandel in der so genannten Uruguay-Runde nur dann erlauben, wenn sichergestellt sei, dass keine amerikanische Software den europäischen Boden berühren dürfe. Damals gab es freilich auch schon ein Internet, das keines Bodenkontakts bedarf. Natürlich war Mitterrand bewusst, dass man weder technisch noch geistig eine kulturelle Maginot-Linie gegen Amerika errichten kann. Aber die Franzosen spielen eine Führungsrolle auf der Suche nach einer kulturellen Identität für Europa, die von wachsender Bedeutung für uns alle ist. Sie beziehen ihren Kulturbegriff nicht allein auf Sprache, Kunst und Wissenschaft, sondern auch auf unsere europäische Lebensart. Mit Selbstbewusstsein erklären sie, Europa sei der Teil der Welt, wo das Leben für Männer und Frauen am wenigsten hart und für Schwache am wenigsten unbarmherzig sei. Dies gilt es, durch uns alle zu bewahrheiten.

*Europäische Finalität*

Nachdem uns die Zusammengehörigkeit der heutigen und der künftigen Mitglieder in der Europäischen Union den friedlichen Umgang mit unseren internen Streitigkeiten eindeutig gesichert und damit den entscheidenden Fortschritt gegenüber der Geschichte geschaffen hat, liegt für die Zukunft unser zentrales Interesse am Gewicht unserer Stimme rund um den ganzen Globus. Man wartet in der Welt nicht primär auf einzelne europäische Nationen, sondern auf eine zusammengefasste europäische Stärke, um an einer neuen Balance der Völkergemeinschaft mitzuwirken und den Weltproblemen tatkräftig zu Leibe zu rücken. Aber auch was unsere eigenen Interessen anbelangt, so werden wir dafür nur vereint Gehör finden. Dies zeigen schon heute alle Erfahrungen auf den politischen, ökonomischen, technischen und ökologischen Weltkonferenzen.

Das Verständnis der europäischen Bürger für solche weiträumigen und langfristigen Interessen hängt seinerseits wesentlich von den für sie spürbaren Erfolgen ab, die ihre politischen Führungen nicht nur ankündigen, sondern auch erzielen. Es ist also ein wahrhaft mühsames Geschäft für alle Beteiligten.

Drei zentrale Fragenbereiche beschäftigen uns gegenwärtig in Europa. Die dafür gebräuchlichen Ausdrücke sind »Vertiefung«, »Erweiterung« und »Finalität«, also die Handlungsfähigkeit der Organe, der Beitritt neuer Mitgliedstaaten und die Diskussion über Ziel und Gestalt der Union in der langfristigen Perspektive. Natürlich hängen alle drei Bereiche eng miteinander zusammen. Mir geht es hier nicht um Analysen im Detail, sondern um allgemeine Trends in der weiteren Entwicklung.

Wir hören viel von einer europäischen Verfassungsdiskussion. Hier dürfte jeder allzu prononcierte Eifer eher bremsen als beschleunigen. Noch immer verstehen wir eine Verfassung als die Rechtsgrundlage eines Staates. Weder ist noch wird die Europäische Union ein Staat im klassischen Sinne. Für beides, was sie bereits ist und was sie sein wird, fehlt uns bisher ein schon vorhandenes, anschauliches rechtliches Begriffsvokabular.

Zweifellos besteht die Europäische Union schon heute aus einer Reihe hochbedeutsamer verbindlicher Rechtsregeln, die durchaus Verfassungscharakter haben. Dazu zählt nicht zuletzt die Kompetenz des Gerichtshofs, dessen Urteile unmittelbare Geltungskraft in den Mitgliedsländern haben.

In der mittleren Frist gibt es Klärungsbedarf für zentrale Fragen. Es ist ein politisch vernünftiges und legitimes Ziel, eine verbindliche Abgrenzung der Zuständigkeiten zwischen Europa, Nationen und Regionen anzustreben und dabei nach dem Prinzip der Subsidiarität zu verfahren. Die Europäische Union bedarf nicht einer weit ausgedehnten, dafür umso mehr einer besser funktionierenden Macht. Welche verstärkte Rolle können in Zukunft die nationalen Parlamente spielen, um der demokratischen Beteiligung der Bürger an Europa besser voranzuhelfen?

Wie soll in Zukunft die Kompetenzverteilung zwischen Europäischem Rat und Brüsseler Kommission aussehen? Im Rat kommt jedes Mitglied mit seinem nationalen Votum zur Geltung. In der Kommission wird dagegen grundsätzlich europäisch und nicht national operiert. Vor allem bei dieser Frage zeigen sich Unterschiede gemäß den nationalen Traditionen und Vorlieben.

Deutschland drängt voran. Bei uns kann man sich ein vereinigtes Europa primär nach dem Modell unseres eigenen Föderalismus vorstellen. Das hieße, den Europäischen Rat zu einer Art verstärktem Bundesrat zu entwickeln, die Kommission aber exekutiv aufzuwerten, auch wenn sie von diesem Rat und dem Europäischen

Parlament deutlich abhängig bleiben soll. An einer solchen »Bundesrepublik Europa« findet nicht nur das Vereinigte Königreich, sondern auch Frankreich wenig Gefallen, und zwar im Gegensatz zu kleineren und mittleren EU-Staaten, die in dem föderalen Modell mehr Chancen für sich selbst und für den europäischen Fortschritt sehen. Franzosen, Briten und zuweilen auch Spanier gehen insoweit weniger forsch an Europa heran. Sie bevorzugen das intergouvernementale Prinzip. »Europa schaffen, ohne Frankreich abzuschaffen«, also den entscheidenden Einfluss bei den Nationen mit ihrem Gewicht im Europäischen Rat belassen, so lautet das Votum aus Paris. Freilich wären die Probleme auf diesen Wegen nur dann angemessen lösbar, wenn der Rat in der Regel seine Entscheidungen mit Mehrheit treffen könnte, anstatt in nahezu allen bedeutsamen Fragen vom Vetorecht eines jeden Mitgliedslandes abhängig zu bleiben und dadurch noch zu oft im Immobilismus zu verharren.

Bald nach der Wende des Jahres 1989 hatte uns der europäische Weg nach Maastricht geführt. Es ging unseren Partnern dort vor allem um die Vergewisserung, dass Deutschland nach seiner eigenen Vereinigung den europäischen Impuls der alten Bundesrepublik nicht abschwächen würde. Über jeden Zweifel hinaus gelang es uns, alle Mitglieder davon zu überzeugen, dass wir uns nun eher noch europäischer orientieren wollten als zuvor. Frankreich erreichte die von ihm erstrebte Währungsunion. Deutschlands Bemühungen um eine kräftige Stärkung der politischen Union gelangen dagegen kaum. Die Außen- und Sicherheitspolitik blieb weiterhin ein nationales Vorbehaltsgut. Dies entsprach damals vor allem den Vorstellungen in Paris und London. Dort war und ist man vom Recht und von der Notwendigkeit überzeugt, als erfahrene Weltmächte mit legitimen globalen Interessen und Verantwortlichkeiten sich keinen europäischen Regelungen unterzuordnen. Das Commonwealth of Nations und die Frankophonie, gebildet aus den Ländern der früheren Kolonialherrschaft, dienen dafür ebenso als Beweis wie der ständige Sitz Frankreichs und Großbritanniens im Sicherheitsrat und ihre atomare Bewaffnung.

In die große außen- und sicherheitspolitische Herausforderung Europas während der ganzen neunziger Jahre, die Balkankrisen, geriet die Union daher mit unterschiedlichen, zum Teil gegensätzlichen, insgesamt schwächlichen Positionen. Frankreich und Großbritannien wollten zunächst das von ihnen am Ende des Ersten Weltkrieges mitgeschaffene Jugoslawien schützen und standen daher zu Belgrad. Auch wenn sich die deutsche Regierung darum bemühte, wegen des Balkans nicht zum dritten Mal in diesem Jahrhundert gegen die Westmächte zu operieren, sah sie sich zusammen mit Italien doch alsbald genötigt, eher für Zagreb Partei zu ergreifen. Es kam zu einer heftigen Auseinandersetzung, als Bonn und Rom Kroatien und Slowenien in ihrer neuen Selbständigkeit vorzeitig anerkannten, ohne auf die anderen EU-Länder zu warten, wie es verabredet war.

Noch weit über den Bosnienkonflikt hinaus blieben die Mächte der Europäischen Union uneinig oder unentschlossen. Jedes Mal waren es die Amerikaner, die die Richtung bestimmten.

Inzwischen kam man sich aber einander näher. Während wir Europäer noch unter amerikanischer Führung wegen des Kosovo gegen Belgrad zu den Waffen gegriffen hatten, waren es schließlich die Europäer und vor allem die Deutschen, die den Weg zur politischen Beendigung dieses Krieges wiesen, und dies unter Einbeziehung Russlands und des Weltsicherheitsrats.

Zugleich wurde auf den europäischen Gipfeltreffen des Jahres 1999 der Beschluss gefasst, eine eigene europäische Sicherheitsidentität zu begründen und als Erstes bis zum Jahr 2003 Streitkräfte in Corpsstärke als rasch einsetzbare europäische Kriseneinsatzkräfte zu schaffen. Damit waren neue Schritte sowohl im atlantischen Verhältnis als auch in Richtung auf eine gemeinsame Außen- und Sicherheitspolitik der Europäer getan. Es kam zu ersten institutionellen Entschlüssen, so zur Ernennung eines Hohen Beauftragten für diese gemeinsame Außen- und Sicherheitspolitik. Wir sind gewiss von einer politischen Union noch ziemlich weit entfernt, aber wir kommen ihr näher. Auch in Großbritannien mehren sich die Stimmen für diese Richtung.

Je mehr die wirtschaftlichen, sozialen und ökologischen Fragen zum Kernpunkt der Globalisierung werden, desto deutlicher zeigt sich, dass die Europäische Union in Wahrheit schon ziemlich weit vorangekommen ist. Als feste Einrichtungen der Europäischen Union verfügen wir über den Binnenmarkt, die Wettbewerbsregeln, die gemeinsame Außenhandelsvertretung und, bisher für zwölf der fünfzehn Mitglieder, die gemeinsame Währung.

Der Binnenmarkt ist global der bei weitem erfolgreichste Schritt zu einer regionalen wirtschaftlichen Zusammenarbeit, wie sie in vielen Teilen der Welt angestrebt wird. Auch bildet er die Avantgarde für das Ziel einer wirtschaftlichen Integration, die als Motor für Industrien, Dienstleistungen und Technologien dient, dabei aber ausdrücklich Umwelt- und Sozialfolgen so nachhaltig wie möglich berücksichtigt. In der Europäischen Union sorgen die Kohäsions- und Regionalfonds dafür, dass schwere Ungleichgewichte zwischen dynamisch entwickelten und zurückliegenden Teilen besser ausgeglichen werden können. Von der NAFTA, der North American Free Trade Area, profitieren Teile Südkanadas, Nordmexikos und die ganzen Vereinigten Staaten. Zugleich gibt es aber auch stark benachteiligte Bevölkerungsteile. Die dortige Wirtschaftsunion erzeugt neben ihren Erfolgen auch wirkliche Verlierer, für die keiner der Profiteure bezahlt.

Die straffe Brüsseler Wettbewerbsordnung unterliegt immer wieder erheblichem politischem Druck, nicht nur innerhalb der Europäischen Union, sondern vor allem auch transatlantisch, ist aber für den Binnenmarkt selbst und für einen fairen Wettbewerb auf dem Weltmarkt von großer Bedeutung und Reichweite. Die gemeinsame Außenhandelsvertretung ist eine weitere, besonders wichtige tragende Säule der ganzen europäischen Entwicklung.

Die gemeinsame Währung wird sich immer deutlicher als ein notwendiger Bestandteil für den dauerhaften Erfolg des Binnenmarktes erweisen. In ihrer weltweiten Aufnahme kämpft sie sich noch vorwärts. Dass sie bisher unterbewertet ist, bezeugt nicht zuletzt ihre Kaufkraft im Inneren, die stabiler ist als mehr denn eine der nationalen

Währungen. Es war ein Problem, dass man den Bürgern der Euro-Länder die Währung nicht gleich in die Hand geben konnte und dadurch unbegründete Sorgen auslöste. Die Währungsunion wird ihren Weg der Stabilität nehmen und wesentlich zu der Einsicht beitragen, dass auch neben der vorrangigen Inflationsbekämpfung durch die Europäische Zentralbank Schritte zu einer gemeinsamen Finanzaußenpolitik unabdingbar notwendig werden. Dies alles sind weitere Annäherungen an eine politische Union.

### *Europa wird größer*

Im Zuge der Aufnahme neuer Mitglieder auf dem Weg zum ganzen Europa liegen entscheidende Jahre vor uns. Wie weit wird Europa reichen?

Gelegentliche Versuche, unseren Kontinent geographisch eindeutig abzugrenzen, führen nicht sehr weit. Als ich unlängst in Baku zu Besuch war, erklärte mir der Präsident von Aserbaidschan, Alijew, sein Land spekuliere auf eine Mitgliedschaft in der Europäischen Union. Auf meine erstaunte Rückfrage erklärte er mir seinen Wunsch primär geographisch: General de Gaulle habe stets darauf beharrt, Europa reiche vom Atlantik bis zum Ural. Dieser Ural sei nicht nur ein Gebirge, sondern auch ein Fluss, der in die Nordspitze des Kaspischen Meeres münde, an dessen Westküste sein Land liege, welches folglich zu Europa gehöre.

Die Europäische Union wird neue Mitglieder aufnehmen, die sich zu Rechtsstaat und Demokratie bekennen, das Regelwerk der Union akzeptieren und mit Hilfe notwendiger Transformationsprozesse in der Lage sein werden, am Binnenmarkt mit seinem Wettbewerb nach innen und außen teilzunehmen. Stabilität und Frieden sind zentrale Ziele. Wir sind und bleiben aber auch an stabilen Verhältnissen jenseits der Unionsgrenzen vital interessiert und wollen dazu mit unseren Kräften beitragen, auch in Russland. Aber wir können uns nicht auf neue Länder als Mitglieder einlassen, deren eigene Außengrenzen bis tief nach Asien hineinreichen und voller Spannungen sind.

Zum Kreis der derzeit beitrittswilligen Nationen haben wir als Deutsche durchweg spannungsfreie Beziehungen. Mit den baltischen Republiken sind wir geschichtlich nahe verbunden und zugleich mitverantwortlich für den langen Verlust ihrer Selbständigkeit im 20. Jahrhundert. Mit Ungarn waren und sind wir stets besonders freundschaftlich verknüpft. In den ersten Kreis der Länder, die den Wunsch und Anspruch auf baldige Mitgliedschaft haben, gehören vor allem die Ungarn und das Baltikum, aber ganz zweifellos nicht minder unsere unmittelbaren Nachbarn. Sie haben in der Zeit des Nationalsozialismus besonders schwer unter uns gelitten. Die damalige Tschechoslowakei wurde brutal geteilt, aus Böhmen und Mähren zwangsweise ein deutsches Protektorat gebildet.

Unter allen europäischen Nationen hatte Polen im Zweiten Weltkrieg das härteste Schicksal zu ertragen. Polen ist, neben Frankreich, unser größter Nachbar. Nach einer dramatisch wechselvollen Geschichte zwischen uns sind wir nun unterwegs in eine Zukunft, die wir nur im engen Einvernehmen miteinander gut bestehen werden. Dies verleiht unserem Verhältnis zu Polen eine herausragende Bedeutung, wie seit den Zeiten von Jean Monnet unsere kooperative Nachbarschaft zu Frankreich. Um ihm gerecht zu werden, sollten wir uns gerade hier des Wegs durch die Vergangenheit besonders bewusst bleiben. Deshalb soll er auch hier ausführlicher dargestellt werden.

### Nachbarschaft mit Polen

Glücklich eine Nachbarschaft von Völkern, deren Geschichte sich eintönig liest. Jahrhundertelang konnte man die polnisch-deutschen Beziehungen so verstehen, auch wenn es immer wieder auf und ab ging. Stets gab es einen lebhaften Austausch über die Grenzen hinweg. Es kam zu zahlreichen Wanderungen hinüber und herüber. Viele Deutsche, auch preußische Siedler, fanden beim östlichen Nachbarn Brot und Glaubensfreiheit. Jahrhundertelang dienten Deutsche im Osten wechselnden Herren: dem Orden, den Polen, Schweden, Russen, Preußen, je nachdem, wer diese Gebiete gerade erobert hatte. Vom 16. bis zur ersten Hälfte des 18. Jahrhunderts war Polens Westgrenze seine ruhigste und friedlichste. Dies galt gerade auch im Verhältnis zu Brandenburg, welches in seiner östlichsten Provinz, dem Herzogtum Preußen, seit 1525 lehensabhängig von Polens Krone gewesen war und dort am Ende des schwedisch-polnischen Kriegs 1660 seine Unabhängigkeit erreicht hatte. Der Große Kurfürst von Brandenburg war der polnischen Sprache mächtig und empfahl in seinem politischen Testament: »Haltet wegen Preußen allzeit gute Nachbarschaft zu Polen ... Spart keine Kosten für diese Freundschaft ...«

Knapp achtzig Jahre später aber trat der Wandel ein. Allmählich entwickelten sich Polen und Preußen zu einem Kontrastprogramm der Staaten (A. Krzemiński). Die polnische Gesellschaft war adelig und bäuerlich geprägt. Im moderneren, bürgerlicheren, der Aufklärung verbundenen Preußen wurde der östliche Nachbar als Land mit struktureller Unordnung und feudaler Verschwendung denunziert, obwohl doch in Polen die erste geschriebene Verfassung Europas entstanden war. Der Begriff der »polnischen Wirtschaft« verbreitete sich und hielt sich hartnäckig. Nicht zuletzt der Alte Fritz selbst sagte, nur die Deutschen – er meinte natürlich die Preußen, dagegen nicht die sächsischen Könige auf Polens Thron – könnten Polen aus der Unordnung und Anarchie herausholen. Schließlich führte eine brutale Polenpolitik gegen Ende des 18. Jahrhunderts zu den drei grausamen Teilungen bis zur völligen Auslöschung des Königreichs Polen im Jahre 1795.

Trotz der schwer lastenden, fast einhundertfünfzig Jahre währenden polnischen Teilung kam es hin und wieder zu übereinstimmenden Impulsen zwischen Ost und West. Während der Napoleonischen Kriege litten Preußen und Polen oft gleichermaßen. Dem negativen Bild aus der Zeit der Aufklärung folgte ein weit positiveres mit der Romantik. Die Nationalbewegung der polnischen Patrioten wurde ein prägender, ja ein führender Teil der demokratischen Bewegung in ganz Europa. Mit der Vision »Für eure und unsere Freiheit« waren sie die gefeierten Gäste im ersten Völkerfrühling beim Hambacher Fest in der Pfalz 1832. Polenlieder von Uhland und Herwegh gaben die Empfindungen eines liberalen deutschen Bürgertums wieder. Der polnische Freiheitsheld Dabrowski führte Schillers Gedichte in der Satteltasche, derselbe Dabrowski, der die spätere polnische Nationalhymne »Noch ist Polen nicht verloren« zum Fanal des Kampfes um Freiheit und Souveränität gemacht hatte.

Dennoch kam es nach 1848 zu einer neuen, immer tieferen Entfremdung. Vor allem Bismarck war der Überzeugung, dass die Polen unsere geschworenen Feinde seien. In der Provinz Posen setzte später die Germanisierung ein. Unter den Polen ging der Spruch um: »Solange die Welt besteht, wird der Deutsche dem Polen kein Bruder sein.«

Unter diesem Zeichen stand die Zeit bis zum Ersten Weltkrieg. Sein Ende brachte eine für das geteilte Polen früher unvorstellbare Lage mit sich. Die Teilungsmächte Russland, Preußen-Deutschland und Österreich hatten gegeneinander Krieg geführt und am Ende allseits verloren. 1918 erhielt Polen endlich seine geistig und kulturell nie preisgegebene nationale Souveränität politisch zurück. Nun aber war es ein großer Vielvölkerstaat, mit starken jüdischen, ukrainischen und deutschen Minderheiten, zugleich mit belasteten Beziehungen zu beinahe allen seinen Nachbarn, insbesondere zur Sowjetunion und zu Deutschland. Alle Parteien der Weimarer Republik waren sich darin einig, dass die neuen Grenzen, insbesondere die Abtrennung Ostpreußens durch den so genannten Korridor, unerträglich seien. Im deutschen Reichstag wurde Polen weithin als »Saisonstaat« ohne die

Kraft und Legitimität zur selbständigen Existenz apostrophiert. Dann kam Hitler an die Macht.

Nach kurzer Mäßigung durch den so genannten deutsch-polnischen Nichtangriffspakt des Jahres 1934 spitzte sich die deutsche Aggressivität zu. Im Hitler-Stalin-Pakt einigten sich die Diktatoren auf eine neue vollständige Aufteilung des Nachbarn. Nur einundzwanzig Jahre nach der wiedergewonnenen Souveränität wurde Polen das erste Opfer des Zweiten Weltkriegs. In der furchtbarsten Erfahrung seiner Geschichte wurde Polen verwüstet, wurden Millionen von Juden und weite Teile der polnischen Intelligenz hingemordet.

Als Deutschland 1945 kapitulierte, mochte es scheinen, als habe Polen den Krieg gleich zweimal verloren, zuerst schon 1939 und dann erneut am Ende. Denn zwischen dem wahren Sieger im Osten, der Sowjetunion, und dem wahren Verlierer im Westen, nämlich Deutschland, zählte Polen zwar formell zu den Siegern und war doch faktisch ein Verlierer. Das Polen von Jalta wurde in Potsdam besiegelt: Es entkam in einen Frieden unter weitgehender Abhängigkeit von seinem anderen, kaum minder verhassten Nachbarn, der Sowjetunion.

Nun schlug die Geschichte zurück. Millionen von Deutschen, soweit sie nicht schon zuvor umgekommen oder geflohen waren, wurden aus ihrer angestammten alten Heimat vertrieben, ihre Reste einer erzwungenen Polonisierung unterworfen, die nicht erträglicher war als früher die Germanisierung.

Zugleich aber hatte Polen selbst auf weite Teile im Osten und Südosten des Landes zugunsten der Sowjetunion verzichten müssen. Stalin gab nicht wieder heraus, was Hitler ihm geschenkt hatte. Als Entschädigung wurde den Polen ein großer Landgewinn auf Kosten der Deutschen, dreißig Prozent ihres heutigen Staatsgebiets, zuteil. Dort wurden die ihrerseits aus dem Osten vertriebenen Polen neu angesiedelt. Bald wurden diese schlesischen, neumärkischen, pommerschen und ostpreußischen Gebiete zu einem lebenswichtigen Bestandteil der staatlichen und wirtschaftlichen Existenz Polens. Die Westverschiebung Polens und Deutschlands sollte nach Moskauer Vorstellung zu einer Art Zwangsanbindung der Polen an die Sowjetunion führen, weil nur diese die neue Oder-Neiße-Grenze garantieren konnte. Zwar hatten die Polen im Krieg auch unter den Sowjets schwer zu leiden gehabt, aber diese sorgten nun für ein einseitiges Bild bei den Polen über ihre westlichen Nachbarn: Die Deutschen allein galten jetzt als die Bösen. Tiefer als je zuvor waren die geschlagenen Wunden, schwerer als je die absehbaren Spannungen für die Zukunft im deutsch-polnischen Verhältnis am Beginn der Nachkriegszeit.

So hatten wir es zu unserer Zeit erlebt. Wie sollten wir uns nun orientieren? Als junge Soldaten waren wir am 1. September 1939 in den Krieg geschickt worden. Damals hatten die allermeisten von uns nur erschütternd geringe Kenntnisse von polnischer Kultur, Geschichte und Gegenwart. Über die Voraussetzungen und Folgen der polnischen Teilungen wusste man kaum etwas. Der eine oder andere hatte vielleicht schon den Namen des Dichters Mickiewicz gehört, mehr nicht. Die sich hoch türmenden Meldungen der deutschen Presse über polnische Unterdrückungsmaßnahmen gegenüber deutschen Minderheiten in Oberschlesien hatten wir gehört, ohne sie überprüfen zu können. Das meiste war geglaubt worden. Wenn auch ohne einen Hauch jener allseitigen Begeisterung, die bei fast allen kriegführenden Ländern in den ersten Augusttagen 1914 geherrscht hatte, so doch im Bewusstsein, die Pflicht tun zu müssen, waren wir gegen Polen zu Felde gezogen.

Jeder hatte seine persönlichen Erfahrungen gemacht, so auch ich. Mein Bruder war schon am zweiten Kriegstag ein paar hundert Meter von mir entfernt im polnischen Korridor gefallen. Am Ende des Krieges mussten meine in Ostpreußen verheiratete Schwester und der in Breslau lebende Bruder meines Vaters ihr Zuhause verlassen. Erschütternd waren auf polnischer, aber eben auch auf deutscher Seite Leid und Not, unfassbar die nun ans Tageslicht gekommenen Nachrichten über Verbrechen und Schuld. Wie sollte es vor dem Hintergrund dieses Grauens je wieder zu einem wahrhaft neuen Anfang zwischen den Nachbarn kommen? War nicht jeder Versuch illusorisch?

Der Kalte Krieg brach aus. Europa war geteilt. Es gab zwei deutsche Staaten, in fast allem unvergleichlich, auch in ihrer Polenpolitik.

In der DDR machte die Presse zunächst den Polen die Oder-Neiße-Grenze noch streitig. Dann folgte die Anweisung aus Moskau zum Görlitzer Vertrag 1950, mit dem die SED die neue Westgrenze Polens formell anerkannte. Zu der anbefohlenen »Freundschaft mit dem sozialistischen Bruderland« kam es allerdings kaum, vor allem nicht zwischen den politischen Führungen, aber auch nur mit Mühe unter den Menschen.

In den polnischen Augen bestand die SED aus hartgesottenen Dogmatikern, die mit Moskau zu Lasten der Polen kooperierten. Die DDR-Führung sah sich ihrerseits vom »Revisionismus« der polnischen Kommunisten bedroht und betrieb, zumal nach der späteren Gründung der Solidarność-Bewegung, eine zuweilen kaum geringere Abgrenzung gegenüber den Polen als nach Westen. In Warschau herrschte weithin die Einschätzung vor, die DDR sei in Bezug auf Polen geographisch zwar westlich, politisch aber östlich gelegen. Eines freilich hatte die SED erreicht: Sie hatte frühzeitig die ostdeutsche Bevölkerung von der Illusion befreit, dass es vielleicht doch noch zu einem Friedensvertrag kommen würde, in dessen Folge Vertriebene und Flüchtlinge wieder in ihre alte Heimat zurückkehren könnten.

In Westdeutschland hatte dagegen 1949 eine ganz andere Geschichte eingesetzt. Dabei blieb die Anerkennung der Oder-Neiße-Grenze auf lange Zeit ein Tabu. Es folgte die in dem Kapitel über 1969 geschilderte Ost- und Entspannungspolitik mit der Konferenz von Helsinki des Jahres 1975 als Höhepunkt. Die Chancen zu mehr Freiheit, die ihre Schlussakte bot, ergriffen die Polen als erste und mit der größten Energie. Ihre Solidarność-Bewegung führte den Weg zur Selbstbestimmung in Europa an. Vierzehn Jahre später kam die Wende des Jahres 1989 zustande. Ganz Europa hatte davon den Gewinn, zumal wir Deutschen. Schließlich wurde im November 1990 noch einmal ein Grenzvertrag zwischen Polen und dem mittlerweile vereinigten Deutschland geschlossen. Die unendliche Geschichte der stufenweisen Anerkennung von Polens Westgrenze, die uns vierzig Jahre lang in Atem gehalten hatte, war am unausweichlichen Ziel. Der Stein, den die menschlich so harte und schwere Grenzfrage auf den Weg gewälzt hatte, war endgültig beiseite geräumt. Keiner wird ihn je zurückwälzen.

Im Jahre 1991 wurde das so genannte Weimarer Dreieck gebildet. Es führt uns Deutsche mit unseren beiden größten Nachbarn, Frankreich und Polen, zusammen. Seine wichtigste Funktion war und bleibt die Unterstützung Polens im Vorfeld seiner Mitgliedschaft in der Europäischen Union. Zugleich gewinnt Polen einen tieferen Begriff und eine eigene Beteiligung an der traditionellen deutsch-französischen Zusammenarbeit zu Gunsten europäischer Fortschritte. Insgesamt trägt es zur Integrationsfähigkeit von ganz Ost-Mitteleuropa bei, weil Polen einen starken Einfluss auf seine Nachbarn hat, die der EU beitreten oder mindestens mit ihr enger zusammenarbeiten wollen.

Die traditionell besonders engen Beziehungen Polens zu den USA werden hier mit einer eigenen europäischen Richtung komplementär fortentwickelt. Immer stärker wird Polen in die Aufgabe hineinwachsen, die Politik der Europäischen Union gegenüber Polens östlichen Nachbarn führend mitzugestalten. An der Selbständigkeit und Stabilisierung der Ukraine ist Polen für seine eigene Existenz vital interessiert. Zugleich gewinnt es, dank seiner bereits vollzogenen Mitgliedschaft in der Nato wie auch dem bevorstehenden Eintritt in die Europäische Union, eine früher aus nur allzu verständlichen Gründen fehlende Unbefangenheit gegenüber Russland. Der Chefredakteur der größten polnischen Tageszeitung, einer der großen, mutigen, intellektuellen Anführer der Solidarność-Bewegung, Adam Michnik, kennzeichnete den sich abzeichnenden Wandel mit den Worten, er sei jetzt ein »antisowjetischer Russophiler«.

Gegenwärtig sind noch nicht alle Hindernisse für einen baldigen Beitritt Polens in die Europäische Union beseitigt. Aber es ist gerade dieses Kapitel, welches uns mit Nachdruck lehrt, unsere Alltagssorgen im Lichte einer langfristigen Übersicht über den Gang der Geschichte angemessen einzuordnen.

Die Unbefangenheit, mit der sich junge Polen und junge Deutsche heute begegnen, ist ein großes Glück. Es beruht auf staunenswerten Ereignissen, die historisch gesprochen jung sind, nicht älter als die Erfahrungen meiner Generation. Als Jüngling war ich, wie gesagt, noch ein feindlicher deutscher Soldat, am Angriff auf Polen beteiligt. Als ich sechzig Jahre später in Deutschland eine unabhängige Kommission zur gemeinsamen Sicherheit und zur Reform der Bundeswehr geleitet hatte, wurde ich als Freund nach Warschau eingeladen, um mit den polnischen Abgeordneten und ihrem Verteidigungsminister über die Reform der polnischen Streitkräfte zu diskutieren und Ratschläge zu geben. Das alles in einem Leben – eine wundersame Entwicklung.

Um noch einmal Adam Michnik zu zitieren: Er nannte das seit 1989 vergangene Jahrzehnt für Polen »das erfolgreichste in den vergangenen dreihundert Jahren«. Das Gewicht dieser Geschichte zu begreifen und in Erinnerung zu behalten, wird uns gut tun. Die Polen bedürfen dazu keiner Ermahnung. Ein alter Spruch bei ihnen lautet: »Das Gedächtnis Polens, das ist Polens Geheimnis«.

Zum ersten Mal seit dreihundert Jahren sind Polen und Deutsche gute Nachbarn geworden.

# Ausblick

Mehrfach hat es in den letzten vier Jahrhunderten europäische Friedensschlüsse gegeben. Sie waren auf eine Dauer angelegt, die sie nur selten erreichten. Zweimal endeten sie mit dem Versuch, Europa durch militärische Macht unter eine Herrschaft zu zwingen.

Der Westfälische Frieden von 1648 beendete den grausamen Dreißigjährigen Krieg, der die Mitte des Kontinents weithin zerstückelt und verarmt zurückließ. Frankreich kam am besten davon und erstarkte. Nach seiner weltweit wirkenden Revolution unternahm es unter Napoleon den ersten großen Anlauf, Europa mit Gewalt zu einigen. Er scheiterte und mündete 1815 im nächsten Frieden, dem Wiener Kongress.

Nun sollte eine gesicherte Machtbalance in Europa für Ordnung sorgen. Großbritannien rückte vor. Die Ausbildung der Nationalstaaten kam mit Italien und Deutschland zum Abschluss. Aus nationaler Interessenvertretung und bei wachsender Konkurrenz entwickelte sich jedoch allmählich ein martialischer Nationalismus, der im Nachbarn bald nur noch den Widersacher sah. Geltungssucht und blinder kabinettspolitischer Leichtsinn führten in den Ersten Weltkrieg. An seinem Ende standen die Pariser Vorortverträge, für uns der Frieden von Versailles.

Es war aber ein Frieden ohne Einsicht. Nur zwanzig Jahre überdauerte er, bis Hitler-Deutschland zum Angriff auf fast alle Nachbarn ansetzte. Es wurde der zweite, der brutalste Versuch, Europa mit Gewalt zu vereinigen. Am Ende war der Angreifer vollständig besiegt und mit ihm ganz Europa so geschwächt, dass der Frieden, wenn man ihn überhaupt so nennen durfte, nun den Namen Jalta trug. Die großen Mächte von außen hatten gesiegt. Ihr Kalter Krieg gegeneinander prägte das europäische Schicksal.

Und dennoch erblühte neues Leben aus den Ruinen. Die Einsicht nahm Gestalt an, dass Europa mit seinen gemeinsamen geschichtlichen und geistigen Wurzeln, seinem Potential und seinen Interessen sich endlich auf den Weg zu einer Vereinigung ohne Gewalt machen müsse und könne. Europas Ziel ist es, einen Frieden unter seinen Völkern unumkehrbar zu machen und seine Zukunft selbst bestimmen zu können.

Vor fünfzig Jahren haben wir damit zunächst dort begonnen, wo es die Verhältnisse zuließen. Die politischen Führungen in Frankreich und der alten Bundesrepublik stellten die Weichen. Mit einem zustimmenden Bewusstsein in den Bevölkerungen wuchs die Vereinigung heran. Der politische und wirtschaftliche Wiederaufbau gedieh Schritt für Schritt. Neben den Freiheitsbewegungen in den östlichen Ländern und einigen einsichtsvollen dortigen Reformpolitikern trug die aufblühende europäische Gemeinschaft im Systemwettbewerb zum allmählichen Ende der Sowjetherrschaft bei. Am Ende des Kalten

Kriegs kam der Fall der Berliner Mauer. Ihm kommt die Kraft eines wahren Friedensschlusses zu.

Dessen müssen wir uns stets bewusst bleiben, wenn uns die Sorgen und Zweifel um Vertiefung, Erweiterung und Sinn und Zweck Europas bedrängen. Was bisher erreicht wurde und wie es erstritten werden musste, das hat nicht weniger als fünfzig Jahre gedauert. Nun gilt es, Europa als Ganzes zu vollenden. Auch das werden wir nicht in fünfzig Tagen oder fünfzig Monaten vollbringen, sondern erst in ungefähr fünfzig Jahren.

Aber es geht voran auf dem Weg dieser wichtigsten, beispielhaften, großregionalen Erneuerung in der jüngsten Weltgeschichte, dem bedeutendsten Schritt in Richtung auf den Frieden, der sich nach den beiden Weltkriegen auf dem Globus finden lässt. Eine vollendete Europäische Union wird rund 500 Millionen Menschen umschließen, mehr als die doppelte Anzahl wie in den USA, mehr als viermal so viele wie in Japan. Ganz allmählich werden wir lernen, als Europäer in der Welt von morgen mit einer Stimme zu sprechen. Das ist es, was unsere eigenen Interessen der Selbstbestimmung erfordern. Und es entspricht unserer globalen Mitverantwortung. Auch in anderen Erdteilen ist man auf einen gebündelten europäischen Beitrag zur Stabilität und Freiheit, zur Gerechtigkeit und zum Schutz der Natur angewiesen.

Noch sind wir in Europa vorrangig mit uns selbst beschäftigt. Die starken Impulse in Richtung auf eine Integration beruhen aber nicht mehr nur auf unseren harten historischen Lehren, sondern in steigendem Maß auf den globalen Einflüssen, die wir nicht tatenlos hinnehmen dürfen, sondern aktiv mitgestalten wollen und müssen. Dabei ergänzen sich allmählich auch unsere eigenen historischen Erfahrungen mit denen anderer Weltregionen. Deutsche, europäische und globale Entwicklungen erschließen sich unserem Verständnis nur noch in ihren Zusammenhängen.

Immer wieder kam es in der Weltgeschichte zu so tief greifenden Umbrüchen, dass die Menschen sie als eine Stunde Null empfanden. Es mochte der Absturz einer alten Ordnung oder der Aufbruch in ein neues Zeitalter sein, oder beides in einem. Wir Deutschen haben es in den beiden schicksalhaften Entwicklungen jeweils nach dem Ende des Zweiten Weltkriegs und später des Kalten Kriegs erlebt. Der 8. Mai 1945 führte zum Zusammenbruch, zur Befreiung von der nationalsozialistischen Diktatur und alsbald darauf zur Aufteilung in zwei deutsche Staaten. Der 9. November 1989 öffnete die Tore zur Vereinigung Deutschlands und zur Vollendung Europas.

Wer die beiden Daten aus einem gewissen historischen Abstand betrachtet, dem mögen sie wie das zusammengehörige Ganze einer Stunde Null erscheinen: die Selbstzerstörung einer barbarischen Herrschaft und der Aufbruch in eine neue, ersehnte, noch nie erprobte gemeinsame europäische Zukunft.

1949 waren wir durch die Teilung Europas und Deutschlands einem von niemandem vorhergesehenen historischen Abbruch denkbar nahe. Zugleich zeichnete sich mit der Integration des westdeutschen Staates in die westlichen Partnerschaften ein fundamentaler Wandel der traditionellen deutschen Außenpolitik ab. Europa entstand, zunächst im westeuropäischen Verbund.

1969 war – wir wissen es in der Rückschau – die Halbzeit der Teilung. Für die demokratische Entwicklung in der alten Bundesrepublik war es ein Datum von bleibendem Gewicht, doch vom Gefühl einer veritablen Stunde Null deutlich entfernt. Der historisch bedeutsame Umbruch dieser Zeit war vielmehr die entschlossene Wendung zur Entspannungspolitik, ohne die es zur friedlichen Auflösung des sowjetischen Machtsystems nicht hätte kommen können. Zwischen West- und Osteuropa war es der erste entschlossene Schritt aufeinander zu.

1989 wurde zum Schlüsseljahr für die europäische Geschichte. Der Fall der Mauer ist sein historisches Symbol. Berlin, seit langem befreit von den Holzwegen hegemonialer Träume, wird eines der maßgebenden Zentren auf dem Wege sein, aus zwei Hälften ein ganzes Europa zu machen. Die ganze Welt erwartet die wachsende Kraft der europäischen Stimme.

Die Null ist ein strenger, definierbarer Begriff. Eine Stunde Null ist 1989 nicht, aber wir haben dennoch Grund, in einem historisch-politischen Sinn von ihr zu sprechen, weil sie als elementare Empfindung der Menschen in ihrem eigenen Leben und in der Wahrnehmung ihrer Zeit existiert. So war es für meine Generation.

Späte Nachkommen werden beurteilen, ob es ihren Vorfahren gelungen ist, die Herausforderungen zu bestehen und die Chancen zu nutzen, die das Jahr 1989 mit sich brachte. Mögen sie damit das freudige Gefühl einer historischen Stunde Null verbinden.

# Namenverzeichnis

Adenauer, Konrad   43, 51–56, 63, 67, 77, 86, 114, 132
Alijew, Heydar   205
Allemann, Fritz René   52
Andric, Ivo   194
Annan, Kofi   181
Arndt, Adolf   54
Arnold, Karl   54
Augustus, röm. Kaiser   8
Bahr, Egon   84
Baker, James   95
Balzac, Honoré de   194
Baring, Arnulf   77
Beccaria, Cesare   168
Bender, Peter   150
Benjamin, Walter   8
Bismarck, Klaus von   67f.
Bismarck, Otto Fürst von   16–18, 37, 51, 125, 156, 164, 166, 209
Bloch, Ernst   30
Bobbio, Norberto   196
Böckler, Hans   56
Böll, Heinrich   11
Borchert, Wolfgang   10
Bosch, Hieronymus   194
Bracher, Karl Dietrich   152
Brandt, Willy   62–66, 70, 79–86, 92, 95, 113f., 150
Brauer, Max   54
Braun, Lily   19
Braun, Otto   163
Breschnew, Leonid Iljitsch   90
Breughel, Pieter, der Ältere   194
Bush, George W.   185
Bussche, Axel von dem   58
Camus, Albert   194
Castlereagh, Robert Stewart, Lord   52
Cervantes Saavedra, Miguel de   194
Chirac, Jacques   94
Clausewitz, Carl Philipp Gottfried von   162
Clemenceau, Georges Benjamin   21
Clinton, Bill   179
Dabrowski, Jan Henryk   209
Dahrendorf, Ralf Lord   154
Dalai Lama   89
Dehler, Thomas   54
Delors, Jacques   152
Deng Xiaoping   179

Dirks, Walter  55
Dix, Otto  194
Dönhoff, Marion Gräfin  58
Ebert, Friedrich  21
Ehard, Hans  54
Ehlers, Hermann  54
Eichmann, Adolf  72
Eppler, Erhard  77, 150
Erhard, Ludwig  50, 54, 63, 69f.
Erler, Fritz  54
Eugen, Prinz von Savoyen  151
Ewald, François  197
Fassbinder, Rainer Werner  68
Fischer, Joschka  72f., 75
Franklin, Benjamin  160
Franz Joseph I., öster. Kaiser  168
Friedrich I., Barbarossa, röm.-dt. Kaiser  162
Friedrich II., der Große, preuß. König  156, 159–162, 164ff., 168, 208
Friedrich Wilhelm I., preuß. König  159
Friedrich Wilhelm, der Große Kurfürst  207f.
Fukuyama, Francis  11
Gandhi, Rajiv  89
Gauck, Joachim  112f.
Gaulle, Charles de  205
Genscher, Hans-Dietrich  95
George, Lloyd  21
Gerstenmaier, Eugen  54
Glotz, Peter  150
Goethe, Johann Wolfgang von  141, 155, 158, 166, 194
Göncz, Arpad  170
Gorbatschow, Michail S.  89f., 93, 95f., 116, 185, 190

Goya, Francisco de  194
Grass, Günter  70
Guevara, Che  73
Habermas, Jürgen  109
Haffner, Sebastian  20, 38, 51, 156
Hallstein, Walter  82
Harden, Maximilian  19
Harmel, Pierre  82
Hauptmann, Gerhart  19
Havel, Václav  89, 151, 170
Hegel, Georg Wilhelm Friedrich  157
Heinemann, Gustav  54, 77ff., 83
Heisenberg, Werner  67f.
Hennis, Wilhelm  37
Hermann (eigentl. Arminius) der Cherusker  154
Herwegh, Georg  209
Herzog, Werner  68f.
Heuss, Theodor  54, 149
Hindenburg, Paul von  22, 24, 35, 51
Hitler, Adolf  22, 24–27, 73, 110, 113, 156f., 161, 163, 210f., 217
Ho Chi Minh  73
Honecker, Erich  90
Horn, Gyula  116
Humboldt, Wilhelm Freiherr von  130, 162
Ibsen, Henrik  19
Jaspers, Karl  69
Jelzin, Boris  116
Johannes XXIII., Papst  68
Johnson, Lyndon Baines  82
Johnson, Uwe  11, 70

Joseph II., öster. Kaiser  165, 168
Joyce, James  194
Kafka, Franz  194
Kaisen, Wilhelm  54
Kaiser, Jakob  54
Kant, Immanuel  70, 160, 166, 168
Karl der Große, röm.-dt. Kaiser  154
Kennan, George  20
Kennedy, John F.  65, 80
Keynes, John Maynard, Lord  21
Kielmansegg, Peter Graf  167
Kiesinger, Kurt Georg  63, 78, 82f.
Kim Dae-Jung  89
Kissinger, Henry  184
Kluge, Alexander  69
Koeppen, Wolfgang  11
Kogon, Eugen  55
Kohl, Helmut  62f., 91ff., 95ff., 100f., 114, 116, 132, 137f.
Konrád, György  170
Krenz, Egon  90
Krone, Heinrich  54
Krzemiński, Adam  208
Kundera, Milan  149f.
Lafontaine, Oskar  101
Leber, Georg  78
Locke, John  168
Lübke, Heinrich  78
Ludendorff, Erich  20
Ludwig XIV., franz. König  160
Luther, Martin  155–159
Maginot, André  198
Maier, Reinhold  54
Maizière, Lothar de  100

Mann, Golo  69
Mann, Heinrich  19, 161
Mann, Thomas  22, 38, 154ff., 158f., 161
Mao Tse-tung  73, 175
Marcuse, Herbert  71, 73
Marshall, George C.  33, 50, 182f.
Marx, Karl  118, 194
Mayer, Hans  30
Mazowiecki, Tadeusz  90
McCarthy, Joseph Raymond  38f.
Meri, Lennart  171
Michnik, Adam  170, 214f.
Mickiewicz, Adam  211
Mirabeau, Honoré, Graf von  166
Mitscherlich, Alexander  10
Mitterrand, François  40, 96f., 162f., 198
Momper, Walter  91f.
Monnet, Jean  191f., 207
Montesquieu, Charles de  168
Morgenthau, Henry, jr.  26
Musil, Robert  194
Napoleon I., Kaiser der Franzosen  46, 162, 166f., 216
Naumann, Friedrich  54, 149
Nehru, Jawaharlal  179
Niebuhr, Reinhold  138
Ollenhauer, Erich  53
Ortega y Gasset, José  142
Pasolini, Pier Paolo  142
Petöfi, Sándor  164
Picasso, Pablo  194
Picht, Georg  67f.
Platon  168
Pleşu, Andrei  170

Puschkin, Alexander Sergejewitsch 194
Putin, Vladimir 188ff.
Putnam, Robert 143
Ranke, Leopold von 157
Rau, Johannes 77
Reuter, Ernst 32, 54
Robertson, Sir Brian 51f.
Röpke, Wilhelm 156
Rousseau, Jean-Jacques 125
Schäuble, Wolfgang 109
Scheel, Walter 78, 80, 83, 86
Scheidemann, Philipp 21
Schiller, Friedrich von 209
Schiller, Karl 79
Schlögel, Karl 169
Schlöndorff, Volker 69
Schmid, Carlo 54
Schmidt, Helmut 70, 79, 83, 99f., 132
Schmitt, Carl 133
Schmude, Jürgen 77
Schröder, Gerhard 131
Schumacher, Kurt 53, 114
Schurz, Carl 47
Shakespeare, William 194
Soyinka; Wole 89
Springer, Axel Cäsar 76f.
Stadelmann, Rudolf 165–168
Stalin, Josef 30, 65, 189, 210f.
Steffen, Jochen 79
Stein, Karl Freiherr vom und zum 31, 128, 162, 164
Stein, Peter 79
Sternberger, Dolf 46
Stoph, Willi 91
Strauß, Franz Josef 54, 67, 82, 140

Suarès, André 194
Tacitus, Publius Cornelius 154
Thatcher, Margaret 94
Tolstoi, Lew Nikolajewitsch Graf 194
Tutu, Desmond 112f.
Uhland, Ludwig 209
Ulbricht, Walter 65
Venkataraman, Ramaswamy 175
Vergil 8
Vogel, Hans-Jochen 39
Vollmer, Antje 76
Voltaire (eigentl. François Marie Arouet) 165
Walesa, Lech 151, 197f.
Wallenstein, Albrecht von 151
Walser, Martin 70
Washington, George 166
Weber, Alfred 10
Weber, Max 70
Wehner, Herbert 54, 63, 83, 140
Weizsäcker, Carl Friedrich von 67f.
Weizsäcker, Heinrich von 212
Weizsäcker, Olympia von 212
Weizsäcker, Viktor von 212
Wilhelm I., dt. Kaiser 51
Wilhelm II., dt. Kaiser 19, 156, 161, 164f.
Wilson, Woodrow 21, 182
Winkler, Heinrich August 152, 156, 165
Wolf, Christa 11
Zhu Rongji 179
Zinn, Georg August 54
Zuckmayer, Carl 19